Biographische Skizzen zu Norbert Elias

Hermann Korte

Biographische Skizzen zu Norbert Elias

Prof. Dr. Hermann Korte
Münster, Deutschland

Der Verlag hat sich bemüht, alle uns bekannten Rechteinhaber zu ermitteln. Sollten dennoch Inhaber von Urheberrechten unberücksichtigt geblieben sein, bitten wir sie, sich mit dem Verlag in Verbindung zu setzen.

ISBN 978-3-658-01177-2   ISBN 978-3-658-01178-9 (eBook)
DOI 10.1007/978-3-658-01178-9

Die Deutsche Nationalbibliothek verzeichnet diese Publikation in der Deutschen Nationalbibliografie; detaillierte bibliografische Daten sind im Internet über http://dnb.d-nb.de abrufbar.

Springer VS
© Hermann Korte 2013
Das Werk einschließlich aller seiner Teile ist urheberrechtlich geschützt. Jede Verwertung, die nicht ausdrücklich vom Urheberrechtsgesetz zugelassen ist, bedarf der vorherigen Zustimmung des Verlags. Das gilt insbesondere für Vervielfältigungen, Bearbeitungen, Übersetzungen, Mikroverfilmungen und die Einspeicherung und Verarbeitung in elektronischen Systemen.

Die Wiedergabe von Gebrauchsnamen, Handelsnamen, Warenbezeichnungen usw. in diesem Werk berechtigt auch ohne besondere Kennzeichnung nicht zu der Annahme, dass solche Namen im Sinne der Warenzeichen- und Markenschutz-Gesetzgebung als frei zu betrachten wären und daher von jedermann benutzt werden dürften.

Satz: text plus form, Dresden
Lektorat: Cori Mackrodt

Gedruckt auf säurefreiem und chlorfrei gebleichtem Papier

Springer VS ist eine Marke von Springer DE.
Springer DE ist Teil der Fachverlagsgruppe Springer Science+Business Media.
www.springer-vs.de

Inhalt

1 Vorwort: Blicke auf ein langes Leben | 7

2 Über das Schreiben von Biographien | 13

3 Norbert Elias an der Universität Leicester | 31

4 Dieter Claessens, Norbert Elias und ich | 45

5 Der ethnologische Blick bei Norbert Elias | 55

6 Watteaus Pilgerfahrt zur Insel der Liebe | 67

7 Elias und der jüdische Wanderbund Blau-Weiß | 75

8 Armer Jakob, Armer Norbert, Armer Hans | 85

1 Vorwort: Blicke auf ein langes Leben

Gelegentlich hat Norbert Elias angemerkt, ein langes Leben habe manchen Vorteil. Er hielt es für einen Vorzug, als Soziologe über einen längeren Zeitraum die Entwicklung der Gesellschaft selbst miterlebt zu haben. Aufgewachsen im wilhelminischen Kaiserreich, Kriegsteilnehmer in dem ersten der zwei fürchterlichen Kriege, Studium und erste Berufstätigkeit in der Weimarer Republik, Flucht vor den Nationalsozialisten ins Exil – da war er erst 35 Jahre alt und hatte noch 58 Jahre vor sich. In den letzten zwanzig Jahren seines Lebens hat er sich oft und nachdrücklich zu gesellschaftlichen Problemen und politischen Ereignissen zu Wort gemeldet, in seinen Büchern und Aufsätzen, aber auch in Interviews in den großen Zeitungen und Magazinen und öffentlichen Reden. Am Ende seines langen Lebens hatte sich gerade die Mauer geöffnet, die alten Gegensätze zwischen Ost und West begannen sich aufzulösen.

Als ich Mitte der 1980er Jahre begann, an einer Biographie über dieses lange Leben zu arbeiten, hatte ich also einen Berg von Fakten zu sortieren und eine Entscheidung zu treffen, was ich wie präsentieren wollte. Dazu kam, dass Elias von biographischen Arbeiten über seine Person nicht besonders angetan war. Er hatte selbst in einer Reihe von autobiographischen Mitteilungen und Interviews seine Sicht der Dinge dargestellt. Man könnte auch sagen, er hatte späteren Biographen die Richtung vorgeben wollen.

Norbert Elias war sehr vorsichtig im Umgang mit anderen Menschen. Persönliche Beziehungen waren fast immer Lehrer-Schüler-Verhältnisse. Es gab vom ihm kaum Mitteilungen über persönliche Probleme, sein Innenleben war tabu. Nur in seinen Gedichten hat er sehr vorsichtig sich und anderen einiges offen gelegt.

Meinen Plan, über ihn und sein Werk ein Buch zu schreiben, betrachtete er mit Argwohn, wie auch ein zeitgleiches Vorhaben meines englischen Kollegen Stephen Mennell. Einmal hat er mir vorgehalten, es sei doch gänzlich uninteressant zu wissen, in welcher psychischen Verfassung Albert Einstein gewesen sei oder wo er sich gerade aufgehalten habe, als er die Relativitätstheorie entwickelte. Wichtig sei doch nur, ob sie richtig sei oder nicht. Da habe ich ihm seine eigenen Arbeiten entgegengehalten, vor allem die über Mozart und Watteau, mit denen er doch so überzeugend gezeigt hatte, dass Werkgeschichte, individuelle Biographie und gesellschaftliche Entwicklungen eng miteinander verflochten sind. Schließlich hat er es dann doch ertragen, dass ich das Buch schrieb und veröffentlichte. Ich konnte nicht erwarten, dass er es billige. Aber er hat es mit vorsichtiger Distanz begleitet und ob er »Über Norbert Elias. Das Werden eines Menschenwissenschaftlers« gelesen hat, weiß ich nicht.

Nach seinem Tod am 1. August 1990 ergab sich dann die eine oder andere Gelegenheit, kleinere biographische Arbeiten anzufertigen. Oft waren das Vor- oder Nachworte zu einzelnen Veröffentlichungen, wie zum Beispiel zur »Ballade vom Armen Jakob« (Insel 1996), »Watteaus Pilgerfahrt zur Insel der Liebe« (Verlag der Provinz 1998) oder »Kitschstil und Kitschzeitalter« (Lit 2004). Für Handbücher und Lexika habe ich zahlreiche biographische Artikel geschrieben. Außerdem aber auch gelegentlich Reden gehalten oder zu einzelnen Themen Essays geschrieben. Fünf von den sieben Arbeiten werden in diesem Buch zum ersten Mal gedruckt.

Es beginnt mit meiner Antrittsvorlesung in Hamburg. Ich war 1993 nach Hamburg auf einen Lehrstuhl für Soziologie berufen worden. Meine Antrittsvorlesung fand erst im April 1995 statt. Ich war mir eine Zeitlang nicht sicher, ob ich in Hamburg bleiben wollte, und verschob den Termin einige Male. Schließlich eröffnete mir Ursula Keller, die damalige Direktorin des Hamburger Literaturhauses die Möglichkeit, mich in dem schönen ehemaligen Ballsaal vorzustellen. Das Buch endet mit einer Einführung in die »Ballade vom armen Jakob«, die am 13. September 2007 im Deutschen Literaturarchiv in Marbach aufgeführt wurde. Anlass war die Vorstellung der achtzehn Bände der Gesammelten Schriften, die bei Suhrkamp erschienen waren. Die anderen Texte behandeln einzelne Aspekte oder sind Reden aus Anlass der Vorstellung eines neu erschienen Buches von Elias.

Zunächst hatte ich überlegt, diese Texte in die anstehende dritte Auflage meines Buches »Über Norbert Elias« einzuarbeiten. Das erwies sich aber bald als wenig hilfreich. Das hätte die Erzählstruktur des Textes gesprengt und ein ziemliches Durcheinander angerichtet. Eine zweite Möglichkeit, sie alle in einem Anhang abzudrucken, wurde schon aus praktischen Überlegungen ebenfalls verworfen. So bin ich auf die Idee gekommen, die sieben Texte in einem eigenständigen Band zu publizieren. Zu meiner Freude hat Dr. Andreas Beierwaltes, der Cheflektor Soziologie bei Springer VS, diese Idee aufgegriffen.

So habe ich dann die Texte für die Veröffentlichung vorbereitet und dann ins Lektorat geschickt. Dort sind sie von Dr. Cori Mackrodt gründlich durchgesehen worden, wofür allein ich schon zu danken habe. Aber sie war auch die Erste, die alle sieben Stücke hintereinander und im Zusammenhang gelesen hat. Ihr ist aufgefallen, dass die Texte in der einen oder anderen Weise einem roten Faden folgen. Es ist das Moment der doppelten Fremdheit, das in dem Essay über den ethnologischen Blick am Beispiel des kleinen Gedichtes von Elias »Von der Tangerreise« im Mittelpunkt steht. Auf mein Schreiben über Elias übertragen, könnte es lauten: Wie fremd er mir bei aller Nähe war, wie fremd ich ihm war, wie fremd wir einander geblieben sind. Das war wohl schon zu Lebzeiten so, heute, mehr als zweiundzwanzig Jahre nach seinem Tod, ist es erst recht so und wird sich nun auch nicht mehr ändern lassen.

Münster, Ende Oktober 2012

Mit Norbert Elias im Mai 1977 in einem Park bei Leicester.
Foto: Elke Korte

Über das Schreiben von Biographien*

I.

Im Januar 1786 reiste der junge Reichsfreiherr Karl vom und zum Stein, der spätere preußische Reformer, nach England. Es war eine jener Reisen, die junge Adelige zu der damaligen Zeit unternahmen, um ihre Kenntnis der Welt zu erweitern und die berufliche Ausbildung voranzutreiben. Es war nicht die erste Reise, die vom Stein unternahm, aber die erste, die einen unglücklichen Verlauf nahm. Schon nach wenigen Wochen geriet er in den Verdacht der Industriespionage. In seiner Begleitung befand sich der Obersteiger Friedrich, der ein tüchtiger Werkzeichner war. Dieser begann bereits bei dem ersten Besuch eines Industrieunternehmens, Detailzeichnungen der dort arbeitenden Dampfmaschine anzufertigen. Ob nun aus eigenem Antrieb oder von Freunden gebeten, Stein versuchte offensichtlich, De-

---

* Antrittsvorlesung an der Universität Hamburg im dortigen Literaturhaus am 20. April 1995

tails der neuesten Dampfmaschine in England kennen zu lernen. Diese technische Errungenschaft war in Preußen noch nicht vorhanden und die Engländer waren auch sorgsam darauf bedacht, ihren Entwicklungsvorsprung möglichst lange zu halten. Als sie Verdacht geschöpft hatten, wurden alle Fabriken vor vom Stein gewarnt. Es war für ihn eine mehr als peinliche Angelegenheit.

Ich erzähle diese kleine Anekdote gelegentlich in Vorlesungen, um die Abfolge in der Industrialisierung in England, Frankreich und Deutschland zu illustrieren. Ich bin auf diese Geschichte bei den Arbeiten für das erste Referat gestoßen, das ich an der Universität gehalten habe. Es handelte von der Biographie des Freiherrn vom Stein. Seitdem habe ich immer wieder versucht, soziologische Theorien und die dazugehörigen Personen bzw. Personenverflechtungen darzustellen, weil ich selbst gelernt hatte, dass die Verbindung von biographischen Daten und inhaltlichen Aussagen es leichter macht, Zusammenhänge zu verstehen. In meiner Einführung in die Geschichte der Soziologie habe ich mich deshalb an soziologischen Klassikern orientiert und dabei versucht, zeitgeschichtliche Elemente und individuelle biographische Daten mit den jeweiligen Stufen der Entwicklung der Theorie zu verbinden. Und so war mein Buch über Norbert Elias »Das Werden eines Menschenwissenschaftlers« auch nicht als Biographie gedacht. Ich hatte vielmehr ein Einführungsbuch in Prozesstheorie und Figurationssoziologie geplant und wollte biographische Daten einbeziehen, um so die Darstellung anschaulicher und lebendiger zu machen. Einzelne Zusammenhänge zwischen individueller Biographie und Werkgeschichte und Zeitgeschichte hatte ich besonders hervorgehoben.

Die Reaktionen auf das Elias-Buch waren unterschiedlich. Ein Herr Möller hat in der FAZ lediglich mit einem Satz in einer Sammelbesprechung geschrieben, ich hätte versucht, Elias ein Denkmal zu setzen. Dann gab es einen Rezensenten, dessen Name ich vergessen habe, der mir vorwarf, ich sei viel zu nahe an Elias dran und hätte überhaupt keinen Abstand zu ihm. Eine Rezension im Deutschlandfunk lobte dagegen meine Distanziertheit zu Elias. Daraus lässt sich ersehen, wie unterschiedlich ein Buch gelesen wird.

Mich erreichten aber auch Reaktionen von Kolleginnen und Kollegen. So schrieb eine ehemalige Münsteraner Kommilitonin sehr spontan, irgendetwas fehle da doch, ich schriebe doch gar nichts über die Sexualität von Elias, und da könne sie sich doch so Verschiedenes vorstellen. Eine andere Kollegin hat etwas flapsig reagiert und mir geschrieben, es fehlten ihr so ein bisschen die schmutzigen Geschichten. Offensichtlich erwarteten diese Leserinnen von meinem Buch, das sie als Biographie verstanden, dass außer den alltäglichen Sorgen und Nöten auch die alltäglichen Versuchungen offenbart würden. Aber bis dahin waren mir die Besonderheiten und praktischen Probleme des Biographieschreibens noch unbekannt, jedenfalls hatte ich darüber weder nachgedacht, noch Kenntnis von einer umfangreichen Literatur.

Der Anstoß, sich damit zu beschäftigen, war ein Besuch bei Knut von Harbou, damals Redakteur der Sachbuchseite der Süddeutschen Zeitung, kurz nach Erscheinen meines Buches. Er stellte mich einer Kollegin, die wir zufällig auf dem Flur trafen mit den Worten vor: »Dies ist Hermann Korte, der Biograph von Norbert Elias.« Da habe ich mich erschrocken, denn ganz offensichtlich hatte ich mich, ohne es zu wollen, in eine Rolle begeben, deren Bedeutung mir noch gar nicht ganz klar war. Aber bei der Sympathie, die ich für biographische Daten seit je her hegte, begann ich nun, mich mit dieser Rolle anzufreunden und fing an, Biographien anderer Autorinnen und Autoren zu lesen.

Viele Biographien habe ich mit großem Vergnügen gelesen. Dazu gehörte allerdings nicht jene Enthüllungsliteratur, die sich mit den dunklen Seiten eines berühmten Menschen beschäftigt, ohne dabei die Gesamtheit der Biographie im Auge zu haben. Ich mache diesen Unterschied, weil ich damit nicht Biographien wie die über Heidegger meine, an dem sich Ott, Farias und neuerdings Safranski in unterschiedlicher Weise versucht haben, um herauszufinden, wie der Zusammenhang zwischen seiner persönlichen Biographie, seiner Philosophie und seiner Stellung zum Zeitgeschehen war. Ich meine damit eher solche Bücher wie die von Roger Heitfield und Paul Carter über das geheime Leben des Albert Einstein, in dem dieser als schlimmer Chauvinist und böser Sexist dargestellt wird oder an Fuegis Bericht über Berthold Brecht als Frauenvernichter und Tantiemendieb.

Ich hatte mein Vergnügen an der »Entdeckung der Langsamkeit«, Sten Nadolnys Roman über das Leben von John Franklin, dem Entdecker der Nord-West Passage, der ein Bestseller wurde und die Langsamkeit hoffähig machte. Oder an Härtlings Hölderlin, an Hans Magnus Enzensbergers »Der kurze Sommer der Anarchie«. Das waren Bücher, die ich in ihrer unterschiedlichen Anlage sehr genau studiert habe.

Ganz außerordentlich gut fand ich die Sartre-Biographie von Annie Cohen-Solal. Nicht nur, weil sie faktenreich und gut ist geschrieben, sondern wegen des Anfangs und des Schlusses. Die ersten 50 Seiten sind der Biographie des Vaters Jean-Paul Sartres gewidmet und der eine oder andere Rezensent hat gemeint, diese seien gänzlich überflüssig und man wisse gar nicht, was das solle. Dabei ist dieser erste Teil ein fast genialer Trick, die Dispositionen des kleinen Jean-Paul in der Geschichte des Vaters zu spiegeln, und wenn der nach dem Tod des reichlich unbekannten Familienoberhauptes mit seiner Mutter im Schnellzug von Limoges nach Paris sitzt, dann ist bereits das Tableau entfaltet. Es ist ein ähnliches Stilmittel wie das, was Umberto Eco anwendet, wenn er William von Baskerville in »Der Name der Rose« die ersten 50 Seiten in aller Ruhe über den Klosterhof gehen lässt, und so seine Leserinnen und Leser auf den Inhalt des Romans vorbereitet.

Gegen Ende des Buches habe ich mich dann sehr über die zarten Schwaden der Eifersucht amüsiert, die aus den Blättern emporsteigen. Ich konnte mich des Eindrucks nicht erwehren, als ob Annie Cohen-Solal zu gerne an der Stelle von Arlette gewesen wäre, jener bildhübschen jungen Frau, die einmal in der Woche zum alten Sartre kam, um mit ihm Flöte zuspielen.

II.

Aus dem Lesevergnügen haben sich dann eine Reihe von Beobachtungen und Einsichten ergeben, von denen ich einige kurz schildern möchte. Die erste Beobachtung betrifft die Reputation, die Biographien in einzelnen Ländern haben. Ganz offensichtlich ist es so, dass in Frankreich und im anglo-amerikanischen Sprachraum das

Schreiben einer Biographie zu den angesehensten Tätigkeiten eines Literaten oder eines Schriftstellers gehört. Das ist in Deutschland nicht so. Den Heldenepen des ausgehenden 19. Jahrhunderts, die die deutsche Geschichtsschreibung bis in den Nationalsozialismus begleitet haben, verdankt diese Literaturgattung ein relativ niedriges Ansehen.

Ich selbst habe als junger Schüler aus dem Bücherschrank meines Großvaters deutsche Geschichte in illustrierten Bänden gelesen. Es waren eigentlich immer Geschichten männlicher Helden und waren immer sehr schön bebildert. Ich erinnere mich an einige Bilder: Otto I. zu Pferde und mit blinkender Rüstung, der den auf einen Pflug sich stützenden Hermann Billung überredet, Kanzler des ottonischen Reiches zu werden. Oder der stolze Vercingetorix, der hocherhobenen Hauptes als Gefangener in Rom einmarschiert, und besonders beeindruckend der Freischärler Schill, der inmitten seiner Getreuen sich das Hemd von der Brust reißt, damit die Kugeln des französischen Erschießungskommandos sie besser durchbohren können. Ganz verschwunden ist diese Art von Heldengeschichten bis heute nicht.

Im angelsächsischen Bereich ist das ganz anders. Ich erinnere mich an ein Gespräch mit Eric Malpass, der mit seinem Buch »Morgens um sieben ist die Welt noch in Ordnung« und den entsprechenden nachfolgenden Bänden Millionenauflagen erzielt hat. Er hat mir beim 80. Geburtstag unserer Freundin Ruth Liepman erzählt, dass alle diese Bücher ihm nichts bedeuteten, dagegen die Biographie, die er über William Shakespeare geschrieben habe sehr viel, denn die werde seinen literarischen Ruhm begründen.

Auch wenn das Biographieschreiben, das muss hinzugefügt werden, in Deutschland keine besonders hohe Reputation hat, so gibt es doch mittlerweile zahlreiche hervorragende Biographien. Enzensberger und Härtling habe ich schon genannt, aber ich will doch auch Wolfgang Hildesheimer (Mozart) und Günther de Bruyn (das Leben des Jean-Paul Friedrich Richter) erwähnen und Hans Jürgen Fröhlichs Schubert-Biographie, alles Arbeiten von hohem literarischem Rang und ganz und gar nicht als Heldenepen geschrieben.

III.

Die verschiedenen Biographien habe ich nicht nur gelesen, um mein Lesevergnügungen zu steigern, sondern vor allem, um zu lernen, wie eine Biographie zu schreiben ist. Die Lektüre der verschiedenen Biographien ergab aber kein eindeutiges Muster für das Schreiben einer Biographie. Das gilt sowohl für die Anlage des Textes selber, als auch für das Problem der Stellung des Autors zu der Person, die biographiert wird.

Gewiss, es gibt einige Unterschiede, die sich festmachen lassen. So ist im englischen Sprachraum Faktizität, d. h. eine Orientierung an Fakten, vorrangig, während im französischen Sprachraum eher von einer a priorischen Methode gesprochen werden kann, d. h., die Meinung über die Person, die Gegenstand der Biographie ist, steht fest, und es werden entsprechende Belege zusammengesucht und dabei auch nicht nur die feststehenden Fakten des Lebens, sondern auch andere Quellen, wie überlieferte Anekdoten verwendet. Beides hat Vor- und Nachteile.

Während die Faktizität intersubjektive Nachprüfbarkeit

ermöglicht und eher objektiv ist, bleibt ihr Präferenzrahmen beliebig, und oft ist das Ergebnis der Vielfalt der Fakten eine geringe Anschaulichkeit und schlechte Lesbarkeit. Die a priorische Methode hat ihre Vorteile in der Plastizität und in der Existenz eines roten Fadens, der sich von Beginn an durch den Text zieht. Allerdings besteht die Gefahr der Apologie, einer einseitigen Auswahl und eines sehr subjektiven Darstellungsstiles, der sich einer Nachprüfung durch andere entzieht.

Es ist klar, dass jede Biographie sich zwischen diesen Polen bewegt und die zur Verfügung stehenden Quellen entsprechend bewerten und verwenden muss. Dabei gehört zu den Quellen alles, was die zu biographierende Person schriftlich oder mündlich hinterlassen hat, also vor allem wissenschaftliche und literarische Texte, Tagebuchaufzeichnungen, Briefe. Hinzu kommen Quellen Dritter. Das sind sowohl amtliche Akten als auch mündliche und schriftliche Überlieferungen in Form von Anekdoten und Berichten von Zeitzeugen.

Ich habe auch eine Reihe von Sekundärliteratur zum Biographieschreiben studiert und dabei gefunden, dass mindestens seit Goethe die Bedeutung der Fakten ein durchlaufendes Thema ist, einem Autor/einer Autorin aber im Einzelfall die Entscheidung nicht abgenommen werden kann, wie er oder sie vorgehen will. Dies gilt auch für die zweite wichtige Frage, nämlich wie die Stellung zu der Person sein kann und darf, die biographiert wird. Der Spannungsbogen reicht von deutlich zu spürender Sympathie über distanzierte Kühlheit bis zu engagierter Antipathie. Auch hierzu gibt es in der Sekundärliteratur ausführliche Stellungnahmen, ohne dass einem Autor wie mir im Einzelfall eine rezeptähnliche

Vorgabe geliefert werden kann. Es bleibt nur der Rat eines Psychoanalytikers, der mir empfahl, auf keinen Fall Sympathie oder Antipathie zu verleugnen, da jeder narrative Text, so er denn nicht nur eine halbe Seite umfasst, diese sowieso zutage fördern würde.

Was auch immer ein Biograph oder eine Biographin unternimmt, er oder sie wird nicht von der Notwendigkeit befreit sein, ein eigenes Konzept zu entwerfen in der Darstellung des Lebens eines anderen Menschen. Richard Ellmann, von dem ich viel gelernt habe, hat festgehalten, dass wir nicht zuletzt dank Freud und der Psychoanalyse heute sehr viel mehr über die Komplexität einer Person wissen können, aber alles so unterschiedlich interpretiert werden könne, dass kein festes Fundament erreichbar sei. Selbst eine psychoanalytische Schulung bringe keine Sicherheit. Es bliebe doch immer noch der mahnende Satz Sigmund Freuds im Ohr, dass manchmal eine Zigarre eben nur eine Zigarre sei. Biograph oder Biographin hätten deshalb zu entscheiden, wann dies im Leben der biographierten Person der Fall gewesen sei und wann nicht.

Reinhart Kosellek hat dazu geschrieben, die Quellenkontrolle müsse das ausschließen, was nicht gesagt werden dürfe. Er hat gleichzeitig darauf verwiesen, dass jede Biographie auch einen Anteil Fiktion enthält. Wobei der Begriff Fiktion einen Gegenpol zu den Fakten benennt, gemeint sind auch Imagination oder Inspektion, Verfahren, mit denen man versucht, sich auf das Leben eines Menschen aus den Fakten einen Reim zu machen. Biographien leben nicht von der Aufzählung und vom Wiederholen sowieso bekannter Einzelheiten, sondern von der Verbindung und Zusammenschau scheinbar unzusammenhängender Fakten. Die

Quellenkontrolle ist wichtig, so Kosellek an der zitierten Stelle »nicht aber schreibt sie vor, was gesagt werden kann«. Das Stichwort Fiktion leitet über zu einer dritten Einsicht, die mir die Lektüre von Biographien und entsprechender Sekundärliteratur vermittelt hat.

Der dritte Punkt ist auf den ersten Blick banal, stellt aber für denjenigen, der schreibt, ein relativ ernstes Problem dar. Eine Biographie bedarf eines längeren Textes und, was die Schwierigkeiten vergrößert, eines erzählenden Textes. Dies deshalb, weil eine Biographie etwas anderes ist als ein Sachstandsbericht, der auf fiktive Elemente verzichtet. Ich habe bei dem vorherigen Punkt schon deutlich gemacht, dass eine Biographie ohne Fiktion nicht auskommt. Das setzt eine bestimmte Art von Text voraus, der eines ganz bestimmt nicht ist, nämlich ein wissenschaftlicher Aufsatz. Diese Sorte Text, die für einen kleinen Kreis von Fachkolleginnen und -kollegen geschrieben wird und dessen Verständlichkeit sich durch die Anhäufung von Fachbegriffen, nach Möglichkeit in der richtigen Reihenfolge, mit der inhaltlich richtigen Verwendung, nur einer kleinen Schar der scientific community erschließt.

Eine Biographie muss anderen Ansprüchen genügen. Sie soll in der Regel von einem breiten Lesepublikum verstanden werden, das eben gerade nicht über entsprechende Fachbegriffe und Vorkenntnisse verfügt. Dies ist in der Soziologie eine ungewohnte Übung. Gut und verständlich schreiben zu können, gehört nach wie vor nicht zur Qualifikation. Tabellen, Schaubilder, Anmerkungsapparate, zahlreiche, nach Möglichkeit in den Text eingestreute Literaturhinweise, ein fachinternes Vokabular, das nach den einzelnen Schulen sehr unterschiedlich gehandhabt wird, tun alles, um eine

Rezeption außerhalb einer kleinen Gruppe zu verhindern. So bleibt das meiste der soziologischen Literatur der Öffentlichkeit verborgen, und für die meisten Texte ist das auch besser so.

Die Anhäufung von Fakten allein bringt es auch nicht. Arno Schmidt, so sehr ich ihn bewundere, hat mit seinem Buch über Fouqué den Versuch unternommen, durch Datenvielfalt ein umfassendes Bild des Lebens zu zeichnen. Das ist ihm wahrscheinlich auch gelungen, aber ich zu meinen Favoriten gehört dieses Buch nicht. An manchen Stellen hat Arno Schmidt etwas von einem Wissenschaftler und seine Verachtung des Lesepublikums, die er gelegentlich äußert, weist in diese Richtung.

Dann kommt ein zweiter Punkt hinzu. Der Text muss nicht nur ein Leben erzählen, sondern er muss auch von seiner Struktur der Person angemessen sein. Nicht nur der Inhalt muss mit dem Leben der Person halbwegs übereinstimmen, auch die äußere Form des Textes, die sprachliche Gestaltung, muss dieser Person angemessen sein. Das ist zugegebenermaßen eine vage Formulierung. Hildesheimer z. B., so wie er über Mozart geschrieben hat, könnte nicht derart über Sartre schreiben, und Cohen-Solal, so wie sie über Sartre geschrieben hat, könnte keineswegs in gleicher Weise über Mozart schreiben. Das ist etwas, was sich nur sehr schwer im vornherein planen lässt. Ich denke, dass der Erfolg oder der Misserfolg einer Biographie auch davon abhängt, ob es gelingt, hier eine Lösung zu finden, die der biographierten Person entspricht. Das macht die Sache nicht leichter, aber, um dies gleich einmal festzuhalten, Biographieschreiben ist keine einfache Sache.

Diese mehr technischen Überlegungen münden dann in

den vierten Punkt, den eigentlichen Kern meiner Leseerfahrung und auch zu einer zweiteiligen These. Sie sagt im ersten Teil, dass eine Biographie mit dem Tode anfängt. Auch dies klingt zunächst etwas sehr einfach, aber dies ist eine deutliche Trennung zu Lebensbildern, die zu Lebzeiten einer Person erscheinen. Diese haben ganz andere Funktionen und auch andere Rücksichtnahmen. Das gleiche gilt übrigens auch für Autobiographien, mit denen Personen oft versuchen, späteren Biographien vorzubauen bzw. das Interesse des Biographen in bestimmte Richtungen zu lenken. Von allen Quellen, die beim Biographieschreiben zur Verfügung stehen, sind Autobiographien diejenigen, die mit der größten Vorsicht verwendet werden müssen. Eine Biographie ist erstens eine Rückschau auf ein ganzes Leben und behandelt nicht einzelne Abschnitte.

Der zweite Teil der These lautet, dass in den allermeisten Fällen die Erklärungen für eine Lebensleistung oder für besondere Ereignisse im Verlauf eines Lebens in Kindheit und Jugend angelegt sind. Ich habe keine Biographie gefunden, die erst beim 25. oder 30. Lebensjahr beginnt. Um Missverständnissen an der Stelle vorzubeugen, füge ich hinzu, dass es sich dabei um Dispositionen handelt, nicht um eine Zwangsläufigkeit, mit der ein bestimmtes Leben abläuft und zu Prominenz, besonderen Leistungen oder besonderem Unglück führt. Es handelt sich um Dispositionen, die in früher Jugend erworben werden und die dann in bestimmten, gesellschaftlich-historischen Situationen in der Rückschau zu nachvollziehbaren Ergebnissen führen. Die sogenannte Bastelbiographie unserer Tage hat für manche Menschen den Spielraum erweitert, von erworbenen Dispositionen Gebrauch zu machen. Keinesfalls führen breit angelegte

Dispositionen automatisch zu beachtenswerten Leistungen, besonderem Ruhm oder Unglück im Leben. Das hängt sehr von den gesellschaftlichen Umständen ab, in der solche Bastelbiographien individuell gestaltet werden können.

Vorhandene Dispositionen bedeuten nicht, um es noch einmal zu wiederholen, dass eine Zwangsläufigkeit vorliegt. Es hätte stets auch anders kommen können. Ich darf noch einmal an die Sartre-Biographie von Cohen-Solal erinnern, die sehr deutlich gemacht hat, dass an einzelnen Stationen des Lebens des kleinen und des heranwachsenden Jean-Paul unterschiedliche Richtungen eingeschlagen werden konnten. Bei Biographien kommt es darauf an, topographische Punkte zu beschreiben, von denen aus ein Weg in eine bestimmte Richtung weitergegangen worden ist, obgleich es zu diesem Zeitpunkt auch andere Möglichkeiten gegeben hätte.

Sartre selber war allerdings wesentlich rigoroser. Der Titel seiner Flaubert-Biographie »Der Idiot der Familie« basierte auf einem angeblichen Ausruf des jungen Flaubert im Alter von neun Jahren. Als er Schwierigkeiten hatte, Schreiben und Lesen zu lernen, soll er gesagt haben: »Ich bin der Idiot der Familie«. Das war wohl auch der Versuch einer Selbststilisierung. Bei Quellenstudien hat sich dann herausgestellt, dass er mit neun Jahren schon lesen und flüssig schreiben konnte. Sartre hat dieses angebliche Zitat dann in das frühe siebte Lebensjahr verlegt. Er wollte sich die Pointe seines Titels nicht kaputtmachen lassen.

Die eigentliche Schwierigkeit ist, dass die Dispositionen meist nicht offenliegen, auch nicht sofort sichtbar ihre Wirkung entfalten. Aber das macht gerade den Reiz beim Biographieschreiben aus, zunächst Bekanntes aufzuzählen und dann das Unsichtbare freizulegen. Hier ist auch der Schnittpunkt zwischen Faktizität und Fiktion. Eine Biographie ist der Versuch, das Konzept eines Lebens zu erfahren und anderen mitzuteilen, ein Konzept, das zu Lebzeiten weder der Person selber noch der Umgebung immer bewusst gewesen sein muss.

Die 5. Feststellung, die ich dann für mich noch treffen konnte, war die, dass ich mich auf meine Möglichkeiten als Soziologie konzentrieren soll. Ich habe verschiedene Formen literarischer Darstellung ausprobiert, habe dann aber gefunden, dass ein narrativ gestalteter wissenschaftlicher Text meinen Möglichkeiten am ehesten entspricht und ich so auch mein eigenes Handwerkszeug, die theoretische Grundlage besser zur Geltung bringen kann.

IV.

Ich orientiere mich an der Theorie gesellschaftlicher Prozesse, wie sie Norbert Elias entwickelt hat. In ihr wird darauf verzichtet, Gesellschaft und Individuum voneinander zu trennen. Im Gegenteil, beide sind aufeinander bezogen. Weder wird das Individuum von der Gesellschaft getrennt betrachtet, noch auf gesellschaftliche oder historische Gegebenheiten reduziert. Die gesellschaftlichen Verflechtungen – die Figurationen, wie Elias das nennt – haben zwar gegenüber den sie bildenden Menschen eine relative Autonomie, existieren aber nicht für sich, so wie die einzelnen beteiligten Menschen auch keine homines clausi sind. Diese relative Autonomie bringt es mit sich, dass aus dem Verflechtungszusammenhang und den dazu gehörigen Spannungen gesellschaftliche Entwicklungen entstehen, die die einzelnen beteiligten Menschen so nicht geplant haben müssen. Die endogene Eigendynamik, die menschliche Figurationen auszeichnet, verläuft zwar planlos, aber nicht unstrukturiert. »Sie vollzieht sich als Ganzes ungeplant, aber sie vollzieht sich dennoch nicht ohne eigentümliche Ordnung«, schreibt Elias, und dies gilt sowohl für die Entwicklung gesellschaftlicher Teilbereiche, als auch für die beteiligten Menschen.

Die Theorie sozialer Prozesse von Norbert Elias erlaubt die Verflechtung von individuellem Leben und gesellschaftlicher, historischer Entwicklung. Die von dem einzelnen Individuum in bestimmten gesellschaftlichen Zusammenhängen erbrachten Leistungen lassen sich mit den Bedingungen, unter denen diese Leistungen erbracht worden sind, in Verbindung bringen. Die einzelnen Abschnitte im Leben eines Menschen folgen nicht zwangsläufig aufeinander, aber in der Rückschau lassen sich Strukturen erkennen. Der Horizont der Zukunft bleibt jeweils offen, und es gibt in bestimmten Situationen, den von mir genannten topographischen Punkten im Verlaufe einer Biographie, durchaus verschiedene Zukünfte.

So ergibt diese theoretische Grundlage einen guten Zugang zu der Bearbeitung der Hauptaufgabe der Biographie, wie sie schon Johann Wolfgang Goethe in »Dichtung und Wahrheit« formuliert hat: »Denn dieses scheint die Hauptaufgabe der Biographie zu sein, den Menschen in seinen Zeitverhältnissen darzustellen und zu zeigen, inwiefern ihm das ganz widerstrebt, inwiefern es ihn begünstigt, wie er sich eine Welt und Menschenansicht daraus gebildet und wie er sich, wenn er Künstler, Dichter, Schriftsteller ist, wieder nach außen ab(ge)spiegelt.«

Diejenigen, die mit dem Werk von Norbert Elias vertraut

sind, werden sehr schnell herausgefunden haben, dass es zu diesem Goethe-Zitat bei Elias eine verblüffend ähnliche Formulierung gibt. In einer Fußnote in »Studien über die Deutschen«, sie ist wahrscheinlich irrtümlich dort hingelangt und war ursprünglich für das Buch über Mozart vorgesehen, heißt es: »Es bedarf einer Zivilisationstheorie, um in solchen Fällen klar unterscheiden zu können, was am Verhalten und Empfinden eines Menschen jeweils repräsentativ für den Standard seiner Gesellschaft, also für den Entwicklungsstand ihres betreffenden Kanons, und was seine ganz besondere Ausgestaltung dieses Kanons ist.« Die Absichten sind ähnlich. Die Formulierung bei Elias genauer gefasst, theoretisch fundierter. Das ist – nebenbei bemerkt – eine späte Folge seiner begeisterten Auseinandersetzung mit Goethe während der Schulzeit in Breslau.

Die Theorie sozialer Prozesse ist die mir bekannte beste Möglichkeit, die genannten Rahmenbedingungen zu erfüllen, eine Biographie theoretisch anzuleiten, und so auch eine intersubjektive Überprüfung des Dargestellten zu ermöglichen. Es ist aber die Fiktion, die die eigentliche Leistung des Biographen darstellt. Sie hängt von der narrativen Überzeugungskraft und nicht von Kriterien wissenschaftlicher Überprüfbarkeit ab.

***

Die Arbeiten an diesem Text, meiner Antrittsvorlesung im Hamburger Literaturhaus am 20. April 1995, gehen zurück auf Studien im Jahr 1989, jedenfalls sind die Grundstrukturen in meiner Arbeitskladde im Sommer und Herbst dieses Jahres niedergeschrieben worden. Im Wintersemester

1989/90 hatte ich die Bedeutung von Biographien für die Soziologie in einem kleinen Oberseminar zur Diskussion gestellt. Ich plante damals, beim Zentrum für Interdisziplinäre Forschung der Universität Bielefeld eine Arbeitsgruppe zum Biographieschreiben zu beantragen. Vorgespräche hatte ich schon zum Beispiel mit John W. Röhl, dem Biographen Wilhelm II. und mit Sten Nadolny geführt. Letzterer ist nicht nur ein erfahrener Autor, sondern auch promovierter Historiker. Aber dann starb Norbert Elias am 1. August 1990 und als Mitglied des Vorstands der Norbert Elias Stiftung, die Alleinerbin war, musste ich mich in den folgenden Jahren um die Organisation des Nachlasses kümmern.

Meine Antrittsvorlesung in Hamburg, ich hatte zum 1.10.1993 einen Ruf an die dortige Universität angenommen, war dann ein geeigneter Anlass, das Thema wieder aufzugreifen. Allerdings war ich schon damals nicht in der Lage, die gelesene Literatur im Einzelnen zu rekapitulieren und das ist heute, fast zwanzig Jahre später, erst recht so. Ich habe mich ernsthaft bemüht, für mich wichtige Bücher und Aufsätze im folgenden Literaturverzeichnis aufzuführen. Es wird wohl so sein, dass die Liste nicht vollständig ist, für Hinweise auf Lücken wäre ich dankbar.

Literatur

Richard Ellmann: Freud and Literary Biographie. In: ders.: a long the riverrun. Selected Essays, New York 1989, S. 239–255.

Johann Wolfgang Goethe: Aus meinem Leben. Dichtung und Wahrheit. Sämtliche Werke Band 10, Zürich 1950.

Reinhart Kosellek: Ereignis und Struktur. In Reinhart Kosellek und Wolf-Dieter Strempel (Hrsg.): Geschichte – Ereignis und Geschichte, München 1973.

Leo Löwenthal: Die biographische Mode. In: Sociologica. Aufsätze, Max Horkheimer zum sechzigsten Geburtstag gewidmet, hrsg. Von Theodor W. Adorno und Walter Dirks, Frankfurter Beiträge zur Soziologie, Bd. 1.

Helmut Scheuer: Biographie. Studien zur Funktion und Wandel einer literarischen Gattung vom 18. Jahrhundert bis zur Gegenwart, Stuttgart 1979.

Norbert Elias an der Universität Leicester*

1. In dem biographischen Interview, das Bram van Stolk und Heerma van Voss 1984 mit Norbert Elias führten, finden sich einige Fakten zu dessen Zeit in Leicester. Auf die Frage: »Wann haben Sie London verlassen?« antwortete er: »Das war 1954. Ich arbeitete damals schon einige Jahre in der Erwachsenenbildung. Nun bekam ich zwei Angebote für eine Lectureship in Soziologie, eines aus Leicester und ein anderes aus Leeds. Charakteristischer Weise gingen beide von Leuten aus, die selbst Flüchtlinge waren, aber jünger als ich, und die darum ihre Ausbildung an einer englischen Universität gemacht hatten. Ich entschied mich für Leicester, wo Neustadt saß, der aus Odessa stammte. Es war eine der neuen Abteilungen für Soziologie, die damals in Eng-

---

* Zuerst erschienen in Karl-Siegbert Rehberg (Hrsg): Norbert Elias und die Menschenwissenschaften. Studien zur Entstehung und Wirkungsgeschichte seines Werkes. Frankfurt/Main 1996, S. 77–86.

land entstanden. Ich half mit, die Abteilung in Leicester aufzubauen.«[1]

Die Personalakte, die die Universität Leicester über Elias führte, erlaubt es, diese knappen Angaben auszuweiten. In der Akte befinden sich seine Bewerbung, verschiedene Gutachten, Originale der Briefe von Elias an die Verwaltung der Universität Leicester sowie Durchschläge der Briefe des ›Academic Registrar‹, dem Leiter dieser Verwaltung, an Elias sowie an Dritte. Aus ihnen ergibt sich *eine,* nämlich die *bürokratische* Seite dieses Lebensabschnittes.

2. In dem biographischen Fragment »Norbert Elias in Breslau«, das Anfang 1991 in der »Zeitschrift für Soziologie«[2] erschien, hatte ich für eine prozesssoziologisch angeleitete biographische Methode plädiert. Wie man das schwierige Geschäft des Biographieschreibens auch angeht, es beginnt immer bei den Quellen. Im Falle von Elias gehören zu den Quellen seine autobiographischen Äußerungen, sein wissenschaftliches Werk, sein Briefwechsel, seine Gedichte, Berichte von Zeitzeugen und andere schriftliche Quellen.

Quellen sind unerlässlich, denn sie legen fest, was nicht gesagt werden kann. Da eine Biographie aber nicht aus der Aufzählung und Wiedergabe sowieso bekannter, bzw. abgesicherter Einzelheiten bestehen kann, sondern aus der Verbindung und Zusammenschau vieler Fakten besteht, be-

---

1 A. J. Heerma van Voss und A. van Stolk: Biographisches Interview mit Norbert Elias, in: Norbert Elias über sich selbst. Frankfurt/Main 1990, S. 84. Ges. Schriften, Bd. 17, S. 262
2 Hermann Korte: Norbert Elias in Breslau. Ein biographisches Fragment, in: Zeitschrift für Soziologie, Jg. 20, Heft 1, Februar 1991, S. 3–11

ginnt die eigentliche Arbeit erst, nachdem die Quellen erschlossen worden sind. Dem Zusammentragen der Fakten folgt deren Interpretation, die Fiktion des Faktischen. Hier ist der Biograph oder wie immer er oder sie sich nennt, wieder allein und auf sich gestellt.

Ich interessiere mich besonders für Elias Zeit im Exil und versuche, über sie möglichst viel herauszufinden. Dazu gehören Interviews mit Weggefährten und Zeitgenossen, dazu gehören aber auch amtliche Quellen, wie etwa die Personalakte der Universität Leicester. Dass ich mich so sehr auf die amtlichen Akten konzentriere, hat u. a. mit einem Vortrag zu tun, den Dirk Käsler 1985 auf einer Tagung der Sektion Theorie der Deutschen Gesellschaft für Soziologie in Kassel gehalten hat. In seinem Referat, »Der retuschierte Klassiker« hatte er sich zu recht darüber mokiert, dass sich bis zu dem damaligen Zeitpunkt kaum jemand die Mühe gemacht hatte, die Akte bei der Universität München über die Berufung Max Webers auf den Lehrstuhl von Lujo Brentano einzusehen und auszuwerten.[3]

Ich habe dies aufgegriffen und versuche, systematisch nach und nach alle amtlichen Akten kennenzulernen. Am 12.11.1990 konnte ich die Personalakte, die von der Universität Leicester über Norbert Elias geführt wurde, einsehen. Über diese Quelle berichte ich hier. Sie ist eine der Unterlagen für eine mögliche Darstellung des Lebensabschnittes in England. Hinzugenommen habe ich einige Stellen aus Briefen, die sich im Nachlass befinden. Ich habe die Namen

---

3 Dirk Käsler: Der retuschierte Klassiker. Zum gegenwärtigen Forschungsstand der Biographie Max Webers, in: Max Weber heute. Erträge und Probleme der Forschung. Hrsg. von Johannes Weiß, Frankfurt am Main 1989. S. 29–54

der Gutachter im Verzeichnis der Briefe herausgesucht. Den Briefwechsel mit diesen Personen habe ich im Hinblick auf Elias Bewerbung in Leicester und seine dortige Lehrtätigkeit ausgewertet und einige interessante Stellen ausgewählt.[4]

3. Im Mai 1954 war von der Universität Leicester eine Lectureship/Ass.Lectureship für Soziologie ausgeschrieben worden, wobei solchen Bewerbern der Vorzug gegeben wurde, »who are qualified in Socialpsychology«. Elias bewarb sich mit einem Schreiben vom 1.6.1954 und schickte das ihm zugesandte Bewerbungsformular ausgefüllt zurück. Die Bewerbung ging am 3.6.1964 bei der Universität Leicester ein.

In dem Bewerbungsformular finden sich zu den bereits bekannten Daten weitere, jedenfalls für mich neue Angaben. Erstens gab Elias an, von 1941 bis 1944 Senior Research Assistant bei L. H. Beales an der London School of Economics (L.S.E.) gewesen zu sein. Und zweitens machte er in der Rubrik »war services (if any)« folgende Angabe: »P.I.D. (Foreign Office) und O.S.S. (USA) Research in German civilian morale.«

Neben seiner Tätigkeit seit 1944 für das Department of Extra Mural Studies der Universität London, nannte Elias zwei Lehraufträge und zwar einen am University College in Leicester (1951/52) und einen am Bedford College (1952/53).

---

4 Rudolf Knijff und Saskia Visser hatten für die Stiftung Norbert Elias ein Verzeichnis des gesamten Nachlass angefertigt. Hierzu gehörte auch ein alphabetisches Verzeichnis aller Empfänger und Absender des noch vorhandenen Briefwechsels. Eine systematische Durcharbeitung dürfte weitere Einzelheiten über die Zeit in Leicester erbringen. Der Nachlass befindet sich seit 1993 im Deutschen Literaturarchiv in Marbach und ist öffentlich zugänglich.

Seine mehrjährige Tätigkeit am Hillcroft College erwähnte er nicht, obgleich er Constance Dyson, die damalige Prinzipalin dieses College, als Referenz angab. Vielleicht deshalb, weil das Hillcroft College eine Einrichtung des zweiten Bildungsweges war und ist, und möglicherweise deshalb aus der Sicht der Universitäten zweitrangig.

In der eingereichten Liste der Veröffentlichungen findet sich auch ein bisher unbekannter Titel, nämlich »Social Anxieties«, ein kurzer Text, der in einem Bulletin des I.S.T.D. im Oktober 1948 erschienen sein soll. Es ist mir trotz der Hilfe mehrere Bibliothekare und verschiedener Kollegen in England bisher nicht gelungen, ein Exemplar oder eine Fotokopie dieses Bulletins zu finden. Der Text befindet sich im Nachlass, aber der Ort des Erscheinens konnte bisher nicht festgestellt werden.

Als Referenzen gab Elias neben der schon erwähnten Constance Dyson noch Morris Ginsberg und Barbara Wootton an. Da Frau Wootton sich zu dem Zeitpunkt auf dem europäischen Kontinent aufhielt, also für eine englische Provinz-Universität außerhalb der Welt, musste Elias einen Gutachter nachbenennen, und er nominierte E. Grebenick, einen Demographen von der London School of Economics (L.S.E.), mit dem er befreundet war, wie man aus dem sehr regen Briefwechsel (»Dear Grebby«) ablesen kann.

Bevor allerdings der Academic Registrar überhaupt um Gutachten bat, gingen, wahrscheinlich von Elias mobilisiert, zwei Schreiben ein. Bereits am 17.5. schrieb Gertrude Williams, Reader in Social Economics und Head of the Department of Sociology am Bedford College: Elias sei vor allem mit »succeful results in degrees examinations« aufgefallen. Und Fred G. Brook, Secretary for Tutorial Classes des

Departments of Extra Mural Studies der Universität London schrieb, dass Elias seit zehn Jahren »many seasional classes and a number of advanced courses« gegeben habe, hauptsächlich in Psychology, aber auch in »Economics, Socialphilosophy and Sociology«.

Einige Tage später trafen dann die angeforderten Gutachten ein. Sie gleichen sich im Tenor und belegen damit, dass die Sicht der Menschen an den englischen Universitäten, die Elias damals kannten und mit ihm zu tun hatten, recht ähnlich war. Es sind im wesentlichen immer sehr lobende Äußerungen, die über ihn gemacht werden. Einige ›highlights‹ aus diesem Gutachten will ich kurz zitieren. So schrieb Barbara Wootton, die man schließlich doch noch erreichte, am 22. 6. zwar zu spät, aber sehr überzeugend: »He is definitely more flexible and more empirically minded than the typical German philosophical sociologist«. Und der Wirtschaftshistoriker Beales von der L.S.E. schrieb: »He has never lost faith in the work to which he had devoted his high talents inspite of discouragments which would overwhelmed a less tenacious and effective personality«. Und schließlich dann das Gutachten von Ginsberg: »Dr. Norbert Elias I have known for many years and have read his books and papers. He is extraordinally well read in sociological and psychological literature. He is an extremely good teacher and would without doubt be a very effective and helpful colleague.«

Der Academic Registrar der Universität Leicester hatte Ginsberg allerdings auch um ein vergleichendes Gutachten gebeten. Es war nämlich nicht so, dass die Stelle nur für Elias ausgeschrieben war und jemand, den er dort kannte, ihm die Stelle besorgen würde. Es gab mehrere ernstzunehmende Konkurrenten, darunter Dr. S. Andrzejewski und

Dr. Paul Halmos. Beide lehrten später an englischen Universitäten. Es kam deshalb sehr darauf an, welche Reihung Ginsberg unter den Bewerbern vornahm. Der entscheidende Satz in seinem Gutachten lautete: »If I had to place them in order I think I would place Dr. Elias first«. So wurde Elias schon am 11. 6. zu Vorstellungsgesprächen nach Leicester gebeten. Am 24. 6. teilte ihm der Academic Registrar mit, dass das Council der Universität ihn ausgewählt habe. In einer der Personalakte beigefügten Kopie der Sitzungsunterlage des Council ist der Name Elias angekreuzt und der Vermerk L 800 gemacht. Am 26. 6. 1954 schrieb Elias, dass er die Stelle annehme und am 1. 10. 1954 anfangen könne.

Endlich hatte er es geschafft. So einfach, wie es die eingangs zitierte autobiographische Äußerung nahelegt (»Nun bekam ich zwei Angebote.«) war es für Elias aber offensichtlich nicht gewesen, an einer englischen Universität eine feste Anstellung zu finden. Bereits 1950 hatte er sich erfolglos um die Stelle des Staff Tutors beim Tutorial Classes Commitee an der Universität von London beworben. Dass er nicht genommen wurde, hatte ihn sehr getroffen, denn offensichtlich war er zur Bewerbung aufgefordert worden.

Dies geht aus einem Brief vom 27. 6. 1950 an Morris Ginsberg hervor, dem er sein Leid klagte und um weitere Unterstützung bat: »I am, nevertheless, most anxious to find as soon as possible a full time academic appointment at one of the Universities, and am now applying for every suitable post. I have just heard that the University of Reading is looking for a Lecturer and Tutor in Social Studies ... I should be most grateful if you could give me a testimonial for this purpose. It would certainly be a great help«. Ginsberg, der sich zu jener Zeit an den Hebrew Universität in Jerusalem aufhielt, schickte die gewünschte Empfehlung unverzüglich, aber die Bewerbung hatte keinen Erfolg. So musste Elias froh sein, dass er schließlich von der Universität Leicester akzeptiert wurde. Allerdings war es zunächst keine herausgehobene Position, die er dort bekam.

4. Eine Position als Lecturer Grade II war die unterste Stufe an einer englischen Universität und die weiteren Teile der Personalakte befassen sich mit den Beförderungen, die Elias erhielt. So wurde er zwei Jahre später, nämlich 1956, zum Lecturer Grade I befördert, nachdem, und das ist sicherlich nicht uninteressant, nicht etwa das Department of Sociology, sondern Prof. A. G. Pool von Department of Economics and Commerce auf Anfrage des Registrars geschrieben hatte: »Dr. Elias's teaching has been highly satisfactory and stimulating. He has the full responsibility for the courses in Psychology taken by Part I and Part II students and he assists Dr. Neustadt in the more general Courses in Sociology«.

Weitere zwei Jahre später beantragte Ilya Neustadt, damals noch nicht Professor, sondern noch Senior Lecturer die Beförderung von Elias zum Reader und zwar mit der Begründung: »In view of his standing as a scholar, his work for the university and finally of his age«. Der letzte Teil der Begründung »finally of his age« ist in der Akte von dem Bearbeiter mit einem Kringel versehen worden, denn das war keine Begründung, die auf eine wissenschaftliche Qualifikation hinwies.

Nun wurden wiederum externe Gutachten eingeholt. Der Übergang vom Lecturer zum Reader hatte offensichtlich auch mit der Frage zu tun, ob Elias gut in das Kollegium passen würde, denn die Gutachten, die nun eingingen, befassten sich mehr mit seiner Persönlichkeit als mit seiner wissenschaftlichen Qualifikation. So schrieb am 13. 3. 1959 T. H. Marshall, Cambridge: »That he is a charming person you know very well. He is also learned and has a subtle and distinguished mind. In many ways perhaps it is a little to subtle, as was that of Karl Mannheim«. Aber er ist der Meinung, im Vergleich mit zwei ihm bekannten Readern der L.S.E. sei Elias als Reader in Leicester durchaus akzeptabel. Und am 15. 3. 1959, auch wieder sehr schnell, folgte eine Antwort von Morris Ginsberg, der schrieb: »What he has written reveals a sensitive and cultivated mind … On the personal side I have know him since his arrival here as a refugee and have always found him friendly and likeable«.

So stand einer Beförderung nichts im Wege und zum 1. 10. 1959 wurde Elias zum Reader mit einem Jahresgehalt von inzwischen 1600 Pfund ernannt. Eine Readership an einer englischen Universität entspricht, wenn sich das überhaupt vergleichen lässt, einer C2/C3-Professur an einer deutschen Universität und ist eine herausgehobene Position. Dessen war sich Elias durchaus bewusst, als er Dankesbriefe an Morris Ginsberg und Constance Dyson schrieb.

In dem Brief an Ginsberg wird allerdings auch deutlich, dass er wohl gehofft hatte, die dem Department mittlerweile zugewiesene Professur für Soziologie zu bekommen. Elias schrieb am 28. 7. 1959: »Dear Professor Ginsberg, you have probably heard the outcome of the move to establish a Chair in Sociology at this University. But I feel I must thank you, as I have done so often before, for the help you have been giving me by acting as my referee. We are well satisfied with the result … And I myself am well satisfied with my Readership.«

In dem Brief an Ginsberg ging Elias auch auf seine Lehrtätigkeit ein, ausführlicher allerdings in dem an Constance Dyson. Ihr schrieb er in einem undatierten Brief seinen Dank für die Glückwünsche zur Readership und berichtete ihr über seine Lehrtätigkeit: »I myself am teaching singlehanded the whole first year course in sociology which is taken not only by all students in the Social Science Faculty, but by a growing number of Arts and even Science students. I am teaching the whole Part I and Part II Psychology for Sociology specialists and for an increasing number of Arts and Science students who must have more lectures than our specialists, write more essays and have to sit two papers instead of one. In addition I shall probably give next Session a number of lectures on theoretical Sociology«.

Mit der Ernennung zum Reader hatte Elias eine sehr gute Position an einer englischen Universität erreicht. Aber ganz zufrieden war er nicht. Er lobte in dem Brief an Dyson zwar die Universität Leicester (»By and large it is rather a friendly place«) und bekennt, dass er eigentlich ganz zufrieden sein kann (»I am so glad all is going well«). Aber er fügte hinzu: »I know, a little dull. But there are compensations. Let us count our blessings. My trouble is that I cannot devote to my own writings as much time as I need, and that I can see less and less of my friends in London. That is rather a harrassing experience«.

5. Als er zum Reader ernannt wurde, war Elias schon 62 Jahre alt und nach den Regeln der Universität musste er mit 65 Jahren ausscheiden. Um dieses zu verhindern, schrieb Neustadt, inzwischen auf der oben erwähnten Professorenstelle, am 31. 10. 61 einen vier Seiten langen Brief

an den Vice-Chancellor mit der Bitte und dem Antrag, Elias Vertrag um fünf Jahre zu verlängern. Neustadt begründete seinen Antrag mit der Qualität der Lehre von Elias (»relatively new lines in teaching and degree, a pioneering effort in this field«), und mit der Bedeutung der Person für die innere Struktur des Departments. Es sei unbedingt erforderlich, dass Elias weitere fünf Jahre abgesichert werde, damit er nicht andere Angebote annehme.

Neustadts Brief ist auch für die Geschichte der Soziologie in England, für die Geschichte dieses Departments von großem Interesse, und ich kann den englischen Kollegen nur empfehlen, in den Unterlagen des Departments nach diesem Brief zu suchen, denn er beschreibt nicht nur Elias' Beitrag für den Aufbau des Departments, sondern auch die inhaltlichen Strukturen, die Neustadt und Elias diesem neuen Department für Soziologie gaben.

Am 2.1.1962 schrieb der Academic Registrar an Elias, dass er nach Sektion 32 des Universitätsreglements eigentlich zum 30.9.1962 ausscheiden müsse, dass aber der Senat entschieden habe, »to offer you a special post in the department for the session 1962/1963«. Für dieses Angebot bedankte sich Elias mit Schreiben vom 15.1.1962 und stellte seine Entscheidung in etwa 14 Tagen in Aussicht, da er noch zwei andere Möglichkeiten zu prüfen habe. Aus diesen 14 Tagen wurde nichts. Erst am 22.3.1962 schrieb er schließlich: »I have decided to accept the chair in Sociology in the University of Ghana«.

Interessant an diesem Brief ist, dass Elias das erste Mal auf dem großen Briefbogen des Departments schrieb. Bis dahin hatte er immer das kleinste Format gewählt. Seine handschriftlichen Mitteilungen oder Danksagungen für allfällige Gehaltserhöhungen waren, diesen Eindruck habe ich gewonnen, bewusst klein gehalten. Da schrieb jemand, der sich seiner Stellung in der Universitätshierarchie demonstrativ bewusst war. Nun als Professor schrieb er auf dem großen Bogen des Departments einen ganz offiziellen Brief auf einer offensichtlich guten Schreibmaschine. Er bedankte sich auf das Artigste für das Angebot der Verlängerung um ein Jahr und darüber hinaus, das ist eine sehr schöne Stelle in dem Brief, für die Aufnahme, die er an der University of Leicester gefunden habe (»for someone like myself who has no other home«). Am Ende des Briefes heißt es: »I'm not a particulary demonstrative person, but I have appreciated both very much«. Der Registrar bedankte sich ebenfalls auf das Artigste für Elias' Brief und schreibt, dass das Established Board und der Senat sicherlich sehr beeindruckt sein würden: »I'm sure that they, like myself, will appreciate very much the terms in which you have written«.

So war der deutsch-jüdische Exilant schließlich doch noch Universitätsprofessor geworden, wenn auch an einer Universität in einer gerade in die Unabhängigkeit entlassenen britischen Kolonie. Aber es war die Position, die er seit Schülertagen angestrebt hatte und die durch die Exilierung in fast unerreichbare Ferne gerückt worden war.[5] Und er war in der oberen Etage der englischen Universitätshierarchie aufgenommen worden. Man könnte denken, dass damit der Bericht über Norbert Elias' Zeit an der Universität Leicester abgeschlossen werden kann. Aber die Geschichte hatte

---

5 Siehe hierzu Hermann Korte: Über Norbert Elias. Vom Werden eines Menschenwissenschaftlers. Frankfurt/Main 1988

noch ein kleines bürokratisches Nachspiel, ein bezeichnendes, wie ich finde.

Zwölf Jahre nach diesem brieflichen Austausch von Höflichkeiten fragte der Academic Registrar bei Elias an, ob der Eintrag »Prof.« Norbert Elias im »University Calender« des Jahres 1974 wohl rechtens sei und fügte deutlich zweifelnd hinzu: »It may be that the University of Ghana conferred on you the title of Emeritus Professor. If so the current entry in the calender is accurate, if not you understand that it is necessary to amend the entry to Dr. N. Elias«. Postwendend, eine Woche später, antwortete Elias, dass er das Problem ganz und gar verstehe, aber, so teilte er kurz angebunden mit: »It is my old German University of Frankfurt which has conferred on me the title Emeritus Professor«.

Von da an finden sich in der Akte nur noch Mitteilungen über Erhöhungen der universitätseigenen Pension und entsprechende Schreiben von Elias, mit denen er seine Existenz im Ausland nachwies. Die Akte endet mit dem Hinweis, das Department of Sociology habe mitgeteilt, dass Prof. Norbert Elias am 1.8.1990 in Amsterdam verstorben sei.

Dieter Claessens, Norbert Elias und ich*

Rückblicke haben etwas Verführerisches. Man kommt schnell ins Träumen. Leicht stellt sich Wehmut ein. Vor allem dann, wenn es sich um Lebensabschnitte handelt, die wichtig waren und deren Rahmenbedingungen sich aus der Sicht nach fast 50 Jahren unwiderruflich verändert haben. Aber es kann auch Dankbarkeit sein für eine schöne, im Nachhinein als unbeschwert in Erinnerung kommende Zeit. So haben mich Wehmut und Dankbarkeit in den letzten Tagen begleitet, die ich in einem kleinen Apartment auf einem mittelfränkischen aufgelassenen Bauernhof verbracht habe, wohin ich mich seit gut dreißig Jahren zum Schreiben zurückziehen kann. Da habe ich gesessen, in den verschneiten Obstgarten geblickt und über einen Abschnitt meines Lebens nachgedacht, in dem mehrere Weichenstellungen erfolgten.

---

* Vortrag gehalten am 3. Februar 2011 beim Workshop der TU Dresden über »Dieter Claessens – Soziologie und evolutionäre Anthropologie«.

Aber dieses Nachdenken über die Zeit beim Lehrstuhl Claessens war, und das sei vorab mitgeteilt, eine eher persönliche, fast private Sicht auf eine allgemeine Geschichte. Genau besehen bin ich ein Zeitzeuge zur eigenen Biographie – und solche Quellen sind stets mit großer Vorsicht zu genießen, da diese meist lückenhaft und dann auch noch unzuverlässig sind. Zumal sich das Meiste aus der Erinnerung speisen musste. Außer meinem Studienbuch und der Akte Elias im Archiv der Universität Münster habe ich keine überprüfbaren Quellen zur Hand gehabt. Selbst das Referat im USA-Seminar, an dem ich mit meiner späteren Frau gemeinsam teilnahm, ist irgendwo verschwunden. Die Personalakte von Dieter Claessens im Münsteraner Universitätsarchiv habe ich nicht eingesehen, schon aus Respekt, aber es war für mein Thema auch nicht notwendig.

Mein Weg in die Soziologie war nicht eben gradlinig gewesen. Als ich im Sommersemester 1963/64 begann, dieses Fach zu studieren, hatte ich schon eine Ausbildung zum Sozialarbeiter abgeschlossen. Während des Anerkennungsjahres, das ich auf dem Sozialamt einer kleinen westfälischen Stadt absolvierte, war ich zunächst für Nationalökonomie eingeschrieben und hatte Vorlesungen besuchen können, wusste dann aber schnell, dass das nichts für mich war. So wechselte ich zur Soziologie, wo gerade ein junger Ordinarius seine Arbeit aufgenommen hatte. Die erste Vorlesung, die ich bei ihm hörte war »Grundformen sozialen Verhaltens«. Außerdem hörte ich im Sommersemester 1963 bei von Kempski »Theorie der Politik«, bei Helmut Klages »Geschichte der europäischen Soziologie« und bei Helmut Schelsky dessen Evergreen »Der soziale Außenseiter«. Das war alles spannend, ganz freiwillig und beim Schreiben überkam mich besagte Wehmut, denn diese Art des Studiums scheint unwiderruflich vom Wind aus Bologna verweht zu sein.

Im WS 63/64 las Dieter Claessens »Die Gesellschaft der USA« und in der dazugehörigen Übung schrieb ich ein Referat zum System der Sozialversicherung in den Vereinigten Staaten. Das war der erste Kontakt zum Lehrstuhl Claessens, der im folgenden Semester in der Übung »Sozialstruktur« vertieft wurde. In dem Seminar ging es um eine breite Datenerhebung für eine Sozialkunde Deutschlands, an der Claessens mit Arno Klönne und Armin Tschoepe arbeitete. Mein Referat, für das ich viele Bücher und Statistiken auswertete, ist in das Kapitel über das Freizeitverhalten eingeflossen. Im WS 64/65 durfte ich schon am Oberseminar über Karl Mannheim teilnehmen, in dessen Mittelpunkt das damals gerade bei Luchterhand erschienen Buch »Das konservative Denken« stand.

Anfang 1965 wurde ich dann studentische Hilfskraft am Lehrstuhl Claessens. So nannten wir das, denn er und seine Mitarbeiter erschienen uns eher wie ein Team, heutzutage würde man sagen, wir vermuteten eine flache Hierarchie. Das machte aber auch den Unterschied zu den anderen Ordinarien aus, niemand wäre auf die Idee gekommen, studentische Hilfskraft am *Lehrstuhl Schelsky* sein zu können, sondern das hätte dann geheißen, *beim/bei* Schelsky. Ich weiß nicht mehr, ob ich mich auf eine freie Stelle beworben hatte oder von Jürgen Feldhoff angeworben wurde, jedenfalls bekam ich einen Arbeitsplatz in der kleinen Bibliothek in der Weselerstraße 1 und war stolz wie Oskar.

So viel zu der Vorgeschichte der folgenden zwei Jahre am Lehrstuhl Claessens, in denen für mein weiteres Leben – nicht nur in der Hochschule – wesentliche Weichenstellungen erfolgten.

Nachdem ich einige kleinere Arbeiten am Lehrstuhl wohl zur Zufriedenheit erledigt hatte, bat mich Claessens zu einem Gespräch und gab mir den Auftrag, ihn bei der Vorbereitung des für das Sommersemester 1965 geplanten Seminars »Wohnen in der Großstadt« zu unterstützen. Er nannte mir einige Titel, z. B. Jane Jacobs »Tod und Leben großer amerikanischer Städte« oder »Die Unwirtlichkeit der Städte« von Alexander Mitscherlich und wies mich auf den Städteplaner Hillebrecht in Hannover hin. Und ich solle doch mal einen Seminarplan entwerfen.

Ich hatte zu dem Zeitpunkt von der Materie so gut wie keine Ahnung. Aber einer meiner Trainingspartner im Fechtclub war Architekt und den fragte ich zunächst mal um Rat. Ich landete einen Volltreffer. Er arbeitete in einer Gruppe Münsteraner Architekten, die die Bereiche Städtebau, Architektur und Landschaftsplanung zusammenführen wollten. Die Gruppe nannte sich SAL Planungsgruppe und führte mich in mehreren langen Gesprächen in die aktuelle Problematik ein. So konnte ich nach weiteren Literaturrecherchen einen Vorschlag vorlegen, der dann eine gute Grundlage für den tatsächlichen Seminarplan wurde. Einige der Architekten nahmen an dem Seminar teil, ich wurde assoziiertes Mitglied in SAL Planungsgruppe, unterstützte sie mit soziologischen Recherchen und schrieb schließlich meine Diplomarbeit über einen großen Städtebauwettbewerb für einen neuen Stadtteil in Ratingen.

Hier erfolgte also die erste von mehreren Weichenstellungen. Bis gegen Ende der 1970er Jahre war mein zentrales Arbeitsgebiet dann die Stadt- und Regionalsoziologie mit einem Schwerpunkt in der politischen Umsetzung neuer Ansätze in die Praxis. Meine Dissertationsschrift bei Helmut Schelsky hieß »Zur Politisierung der Stadtplanung«, von deren zentralen rätedemokratischen Thesen er sich in seinem Gutachten mit einem »Gott bewahre (!)« distanzierte. Dieter Claessens dagegen gab mir und einigen meiner Berliner Studenten – ich hatte von 1966 bis 1970 in Berlin an der FU einen Lehrauftrag für Stadtsoziologie – die Möglichkeit, unsere Sicht der Dinge im Band 15 der Juventa Reihe, von der noch die Rede sein wird, zu publizieren. Und am 20. März 1974 wurde ich dann Professor für Stadt- und Regionalsoziologie an der Ruhr-Universität Bochum.

Das war also die erste Weichenstellung, die sich aus Studium und Arbeit bei Dieter Claessens ergab. Bevor ich zu zweiten wichtigen Ereignis komme, will ich hier doch ein Gespräch mit ihm wiedergeben. In dem Seminar »Wohnen in der Großstadt« hatte ich von ihm angeregt ein Referat zu schreiben zum Thema »Macht der Institution – Ohnmacht der Architektur«, über die Knebelung der Architekten durch Bauordnungen und Gestaltungssatzungen. Wissenschaftliches Material gab es dazu eigentlich nicht, aber ich schrieb ein flottes Essay, das mir auch heute noch gefällt. Claessens hat es damals aber gar nicht gefallen. Ich bekam den Text zurück mit der Bemerkung, wenn es kein Material gebe, so möchte ich mich doch bitte gleichwohl eines akademischen Stils befleißigen. Das hat mir damals schon nicht eingeleuchtet – und an diesen Rat habe ich mich nicht gehalten.

Nun aber zu der zweiten Weichenstellung. Sie ereignete sich noch im Sommer 1965. Sie war zwar auch für mich wichtig, viel mehr aber für einen anderen Menschen – und schließlich auch für die Soziologie.

Im Juli oder August 1965, so genau weiß ich nicht mehr, wann das war, bat mich Dieter Claessens zu einem Gespräch, an das ich mich allerdings sehr gut erinnere. Ich wisse ja, so mein Chef, dass es gelungen sei, Norbert Elias zu einer Gastprofessur zum WS 65/66 nach Münster einzuladen. Er habe sich überlegt, dass ich besonders geeignet sei, den Gast zu betreuen: Ich sei Münsteraner, habe ein kleines Auto und sei ein wenig älter als meine Kommilitonen, könne durch das Training in der Sozialarbeiterausbildung sicher auch mit schwierigen Situationen fertig werden. Er hoffe, so sagte Claessens, dass Elias sich in Münster wohl fühlen werde. Nun war Dieter Claessens alles andere als autoritär, aber er konnte seine Stimme schon mal ein wenig anheben, so dass man wusste, er meint es ernst.

Die Vorgeschichte der Einladung nach Münster, Claessens Begegnung mit Norbert Elias auf dem Soziologentag 1964 in Heidelberg, lasse ich hier aus. Ich habe darüber in meiner Werkbiographie über Elias berichtet. Aber es hat mich interessiert, wie Claessens die Einladung wohl der Fakultät und seinen Fachkollegen erklärt hatte. Ich habe deshalb im Universitätsarchiv die Personalakte und die entsprechenden Auszüge aus der Fakultätsakte eingesehen. Von den internen Gesprächen, so es denn welche gegeben hatte, war dort nichts zu erkennen, aber die Begründung der Fakultät an das Rektorat und das Ministerium gibt zumindest einen kleinen Einblick. Die Begründung lautete im Kern: »Es liegt im Interesse der Studierenden der Soziologie (aber auch Studierender angrenzender Gebiete), auch von bekannten ausländischen Soziologen ausgebildet zu werden. Sie werden aus den Vorlesungen von Herrn Prof. Dr. Elias dazu noch einen besonderen Gewinn ziehen, da Prof.

Elias im deutschen Kulturbereich aufgewachsen und ausgebildet worden ist, später in Frankreich, England und Ghana lehrte und somit besonders kompetent für die Behandlung der Probleme der vergleichenden Soziologie ist. Die Gelegenheit, einen angesehenen Soziologen für die Lehrveranstaltungen zu gewinnen, sollte daher nach Ansicht der Fakultät ergriffen werden«.

Diese etwas verdruckste Begründung hatte Erfolg und Norbert Elias kam nach bitteren Jahren des Exils zum ersten Mal wieder an eine deutsche Universität. Es war der Startschuss für eine späte Rezeption und diesen Anfang verdankte Norbert Elias Dieter Claessens, was er ihm nie vergessen hat. Es war auch eine Chance für die deutsche Soziologie, die diese etwas spät und leider unzureichend genutzt hat.

So stand ich an einem warmen Septembertag mit Dieter Claessens auf dem Münsteraner Bahnhof. Dem Zug entstieg ein eher kleiner Mann, ausgestattet mit einem imposanten Kopf. Das Gepäck aufgeteilt in vier kleinere Stücke. Seine Exilerfahrung hatte ihn gelehrt, das Gepäck so aufzuteilen, dass man es selbst, ohne fremde Hilfe tragen kann. Er setzte das Gepäck ab, und nachdem Claessens ihn begrüßt und mich vorgestellt hatte, wandte er sich mir zu, gab mir die Hand und sagte: »Guten Tag, ich bin Norbert Elias« Das war die zweite Weichenstellung für mein weiteres Leben, die ich Dieter Claessens verdanke.

Ich denke, Claessens ist mit mir zufrieden gewesen, denn Elias hat sich in Münster wohl gefühlt. In den ersten Wochen war ich täglich mit unserem Gast zusammen, dann hatte er durch sein kommunikatives Talent schon viele Gespräche mit anderen Studierenden. Eine Begebenheit aus dem Herbst 1965 will aber doch berichten. Claessens und ich wollten Elias abholen, um mit ihm zu Mittag zu essen. Elias arbeitete in einem kleinen Raum im Souterrain des Fakultätsgebäudes. Claessens hatte Buch in der Hand, das er Elias zeigen wollte. »What is Sociology?« von Inkeless. Es war der erste Band der sog. Prentice Hall Reihe, die Claessens zusammen mit seinem Freund Martin Faltermaier, der damals gerade den Juventa Verlag aufbaute, für eine deutsche Ausgabe eingeworben hatte. Der Plan sah vor, dass die deutsche Reihe zur Hälfte mit nordamerikanischen, zur anderen Hälfte mit deutschen Autoren bestritten werden sollte. Ingesamt wurden es dann 15 Bände.

Wir standen in der Tür und Claessens sagte: »Sehen sie mal Herr Elias, was ich hier habe, der erste Band für die Reihe, von Inkeles »What is Sociology?«. Elias nahm das Buch in die Hand und sagte: »Was ist Soziologie? das ist eine interessante Frage Herr Claessens, aber seien Sie gewiß, Prof. Inkeless weiß die Antwort nicht!« Die beiden blieben dann noch ein Viertelstündchen im Türrahmen stehen und dann hatte Claessens Elias überredet, doch selbst die Antwort zu geben. Es dauerte dann allerdings fast fünf Jahre, bis das Buch tatsächlich erschien, aber das ist eine andere Geschichte.

Die dritte Weichenstellung betraf mein Verhältnis speziell zur Lehre, ganz allgemein die Auffassung vom Beruf des Hochschullehrers. Am Lehrstuhl Claessens gab es einen Arbeitskreis »Learning«, auch »L« genannt. Dort wurden die Lehrveranstaltungen vor- und nachbereitet. Besonderer Wert wurde auf die didaktische Umsetzung der Unterrichtsziele gelegt. Das hat mich für den Rest meines Arbeitslebens in der Hochschule geprägt. Es ist die vornehmste Aufgabe des Professors, sich dafür verantwortlich zu fühlen, dass die ihm anvertrauten Studierenden wenigstens eine Chance haben, die Lehrinhalte zu begreifen.

Dass das auch ganz anders gesehen werden konnte, lernte ich dann bei Niklas Luhmann, der um 1965 seinen kometenhaften Aufstieg begann. Gerade promoviert und habilitiert vertrat er den Lehrstuhl, als Dieter Claessens zurück nach Berlin ging. Ich musste noch mein Diplomexamen abschließen und war im WS 66/67 studentische Hilfskraft beim Privatdozenten und Lehrstuhlvertreter Niklas Luhmann. Zu den Aufgaben gehörte der tägliche Gang zur Uni-Bibliothek, Bücher abgeben und neue holen, wohlgemerkt tatsächlich werktäglich. Und die Betreuung einer Übung zur Industriesoziologie. Die lief nun ganz anders ab als die Veranstaltungen bei Dieter Claessens. Die Diskussionsinhalte waren eher zufällig, wer was wusste, sagte was, nachgefragt wurde selten. So nach der 3. Übungsstunde fasste ich mir ein Herz und sprach Luhmann darauf an. Er hörte mir aufmerksam zu und sagte dann sinngemäß, er verstehe, was ich meine, aber er sähe das so: Die guten Studenten kapieren es von alleine, und die anderen interessieren mich nicht. Das war eine Einstellung, die ich später bei manchem Kollegen antraf, auch wenn ihnen meistens ein gehöriges Stück der Intellektualität Luhmanns fehlte.

Das hatte ich bei Claessens eben ganz anders erlebt und prägend vorgeführt bekommen. Wie überhaupt das Beispiel Claessens mir damals auch vermittelte, dass ein Professor seinen ersten Platz in der Universität hat und nicht in der Welt der öffentlichen Gutachter und Berater. Zurück in Berlin hat Claessens dann mit guten Gründen, auch eine öffentliche Aufgabe übernommen, aber das Beispiel, das er uns in

Münster gab, war das eines Menschen, der in und mit der Universität lebt. Mag sein, dass ich das im Nachhinein etwas überhöhe, aber das war jedenfalls das, was ich damals für mich lernte. Daran hat dann auch die Zeit bei Helmut Schelsky im Umfeld der Neugründung in Bielefeld nichts ändern können.

Mit den Jahren habe ich dann gelernt, dass die Teilhabe am öffentlichen Diskurs auch zum Beruf des Hochschullehrers gehört, aber die Grundorientierung blieb doch die Arbeit in Lehre und Forschung in der Universität.

Der ethnologische Blick bei Norbert Elias*

1. Mit dieser Skizze präsentiere ich einen kleinen Ausschnitt aus meinen Arbeiten zu Norbert Elias. Es sind eigentlich drei Miniaturen, kleine Beispiele für das, was ich im Thema angekündigt habe, nämlich über den ethnologischen Blick des Norbert Elias zu berichten.

Dazu muss ich zwei Vorbemerkungen machen. Erstens: Im Nebenfach habe ich in Münster Ethnologie bei Rüdiger Schott studiert. Das meiste davon habe ich vergessen. Aber soviel weiß ich doch noch aus dieser Zeit des Studiums, dass, so wie Soziologie nicht eindeutig ist, auch nicht jeder unter Ethnologie dasselbe versteht. Wenn ich also über den ethnologischen Blick bei Norbert Elias berichte, dann meine ich die Art, wie er Fremdes gesehen hat, und wie er das, was er

---

* Diesen Text habe ich auf am 21.9.2000 auf einer Konferenz in Metz vorgetragen. Er wurde von Sophie Chevalier übersetzt und erschien in dem von ihr und Jean-Marie Privat herausgegebenen Konferenzbericht mit dem Titel: Le regard ethnologique de Norbert Elias. In: Sophie Chevalier et Jean-Marie Privat (ed.): Norbert Elias et l'anthropologie. Paris 2004, p. 29–33.

gesehen hat, für sich selbst, aber auch für sein wissenschaftliches Arbeiten umsetzte.

Zweitens: Ich will darauf hinweisen, dass ich als Quellen nicht nur die vom Autor autorisierten, publizierten Texte benutze, sondern auch Briefe, Gedichte, Berichte von Zeitgenossen, zum Teil aus Archiven, zum Teil aus eigenen Sammlungen. Solche Texte – das muss ich nicht besonders betonen – haben immer einen Grad von Unbestimmtheit. Meine prozesssoziologisch angeleitete Methode besteht eben nicht nur aus der Aufzählung und Wiedergabe bekannter bzw. abgesicherter Einzelheiten, sondern aus der Verbindung und der Zusammenschau vieler Fakten und – das ist ganz wichtig auch in dem hier zu traktierenden Zusammenhang – dem Zusammentragen der Fakten folgt deren Interpretation, die Fiktion des Faktischen. Die Quellen geben nur über das bestimmt Auskunft, was nicht gesagt werden kann.

Für meine kleine Skizze, die drei Miniaturen, die ich angekündigt habe, benutze ich hier verschiedene Quellen. Erstens ein Gedicht, zweitens Zitate aus einem Briefwechsel, drittens ein Essay in der Wochenzeitschrift DIE ZEIT und schließlich meine eigenen Erinnerungen

2. Das Gedicht ist kurz. Es findet sich in dem 1986 erschienenen Gedichtband »Los der Menschen«, dort im Abschnitt »Von der Tangerreise«. Diese Reise muss vor 1960 stattgefunden haben, jedenfalls vor dem Aufenthalt in Ghana, denn danach, ab Sommer 1965, kannte ich Elias und war über seine Reisepläne im allgemeinen sehr gut informiert, zumal ich einige Reisen mit ihm zusammen unternehmen konnte.

Doch nun zunächst das Gedicht. Es hat nur drei Zeilen:

How strange they are.
How strange I am.
How strange we are.

Es ist nicht zu befürchten, es folge nun eine lyrische Interpretation, sondern es geht mir um die doppelte Brechung im Umgang mit Fremden. Lyrik von Professoren, von Intellektuellen allgemein zum Zwecke der Vergewisserung der Welt, hat stets mehrere Ebenen. Es ist eine Deskription, aber auch eine autobiographische Mitteilung und als solche mit psychoanalytischem Vorbehalt zu lesen.

Ich erwähnte schon, dass ich eigene Erfahrungen mit Reisen mit Norbert Elias habe. Ich war 1966 im Herbst mit ihm in Südgriechenland, davon wird noch einmal zu reden sein, und 1969 in der Westtürkei und auf Samos, und einige kleinere Reisen in die Schweiz kommen dann noch dazu. Von diesen Reisen schon ganz allgemein weiß ich, dass er Fremde so beobachtete, dass die eigene Fremdheit immer mitgedacht wurde und schließlich – nicht immer, aber oft – eine conclusio, mit fortschreitendem Alter immer präziser, die Entwicklungsdynamik aufgreift.

Wie fremd die anderen sind: Das ist der erste Schritt, aber es folgt gleich der zweite Schritt in der nächsten Zeile: wie fremd bin ich, und schließlich: wie fremd sind wir uns alle. Wir haben (noch) nicht genug Wissen, um die eigenen Existenz und die Figuration, in der wir uns mit anderen befinden, wirklich zu verstehen. Mit zunehmendem Alter war Elias immer skeptischer gegenüber unserer westlichen Zivilisation geworden. Das Zitat aus dem Wochenmagazin DER SPIEGEL von 1987: »Wir sind die späten Barbaren« war ein Teil der Einsicht, wenn gleich das Wort »Barbar« von den

SPIEGEL-Redakteuren stammte und keine Eliassche, politisch unkorrekte Begrifflichkeit war.

3. Ich habe auf das zunehmende Alter und die Veränderung der Einsichten von Elias bereits hingewiesen, will dies nun an einem anderen Punkt mit einem zweiten Beispiel noch einmal verdeutlichen. Es wäre falsch, Elias als fertigen homo clausus zu sehen, vielmehr hat auch er in seinen persönlichen Ansichten und in seinen wissenschaftlichen Überlegungen eine Reihe von Entwicklungen durchlaufen, wenngleich man sicher sagen kann, dass der basso continio seiner Soziologie, die sich mit der Entwicklung von Figurationen und der Menschen, die diese Figurationen miteinander bilden, immer vorhanden war.

Die Zitate aus dem Briefwechsel, die ich als zweite Quelle angekündigt habe, stammen aus der Korrespondenz mit dem deutschen Soziologen René König. Soweit aus dem Briefwechsel ersichtlich ist, lernte Elias König 1961 in Leicester kennen, als König den Head of the Department und den gemeinsamen Freund von Elias und König, Ilya Neustadt, besuchte. Der Briefwechsel entwickelt sich dann weiter. Vor allem, als Elias Professor in Ghana geworden war, versuchte er, René König zu einer Gastprofessur dort zu überreden.

Diese Professur in Ghana war für Elias ein großes Glück. Zunächst nicht so sehr wissenschaftlich, sondern was seine Karriere angeht. Als er 1954, immerhin schon 57 Jahre alt, an der Universität Leicester im Department of Sociology endlich eine Stelle bekam, da war dies die Stelle eines Assistent Lecturer 2nd Grade, das billigste, was es an englischen Universitäten zu der damaligen Zeit gab. Er wurde dann alle zwei Jahre befördert, und als er 1962 65 Jahre wurde, hatte er es immerhin bis zum Reader geschafft, aber es fehlte ihm der Professorentitel. Versuche des Departments, ihn über die Pensionierung hinaus für längere Zeit in Leicester zu halten, wurden vom Senat der Universität Leicester vereitelt. Und so kam der günstige Moment, dass auf Vermittlung von Ilya Neustadt Elias die Professur und die Position des Head of Department des Department of Sociology an der Universität in Ghana angeboten wurde. Dort war er von 1962 bis 1964. Zum Soziologiekongress in Heidelberg, dem Max-Weber-Gedächtnis-Kongress der Deutschen Gesellschaft für Soziologie, war er zurück.

Dort traf er auf Dieter Claessens, der gerade einen der drei Soziologie-Lehrstühle an der Universität Münster übernommen hatte. Claessens kannte das zweibändige Hauptwerk »Über den Prozeß der Zivilisation« aus seinem Studium bei Helmuth Plessner und Hans-Joachim Lieber. Er lud Elias zu einer Gastprofessur nach Münster ein, die dieser im WS 1965/66 wahrnahm. Hier begann dann auch ein Abschnitt meiner eigenen Geschichte, die ich in dem Essay »Norbert Elias, Dieter Claessens und ich« geschildert habe.

Aber zurück nach Ghana. Über die Zeit dort gibt es eine wenige Berichte von Zeitzeugen, wenig Material im Nachlass von Elias. Auf seinen wissenschaftlichen Ertrag werde ich gleich noch eingehen. Jedenfalls weiß ich aus Berichten, dass er in Akkra angekommen, sogleich damit begann, die Methode, die er in Leicester entwickelt hatte, insbesondere für den Unterricht in den Grundkursen, dorthin zu übertragen. Das führte nach sechs Wochen zu einer Krise. Elias hatte zur Verfolgung seiner pädagogisch-didaktischen Absichten das Fach Cultural Anthropology gestrichen und durch Sociology ersetzt. Nach sechs Wochen gab es einen

Aufstand, nicht nur der Studenten, sondern auch seiner afrikanischen Kollegen, die den Vice Chancellor aufforderten, Elias wieder nach Hause zu schicken. Der Hintergrund war, dass Cultural Anthropology dort der Vergewisserung über die eigene Geschichte diente, und die Menschen fühlten sich durch Elias in dieser für sie notwendigen Aktivität gestört bzw. von ihr ganz abgeschnitten.

Elias war einsichtig. Mag sein, dass er den Job nicht verlieren wollte, aber es könnte auch sein, dass ihn eigene Erfahrungen im fremden Exil gelehrt hatten, seine Vorstellungen nicht anderen Menschen überzustülpen und er deshalb verstand, dass sein für die Studenten recht fremder Lehrplan genau das versuchte. Er ging auf die Forderungen ein und änderte sein Lehrprogramm. Und er begann mit seinen Studenten, Einzelfallstudien durchzuführen. Ein großer Teil des Materials, das sich im Nachlass zu Afrika befindet, besteht aus solchen Studentenarbeiten. Bereits am 1. November 1962 schreibt er an René König: »I'm finding my life and work here a most stimulating experience, as you can well imagine. You yourself in Afghanistan may well feel as I do that one should not teach sociology in advanced societies without a good understanding of pre-industrial societies. And of course, all I'm learning here, and I am learning all the time, is water on my mills of developmental sociology.«[1]

Dies ist eine erste Äußerung, die zeigt, dass er sehr offen für die Situation ist, in die er gekommen ist. Ganz wie die erste Zeile in dem Gedicht »how strange they are«. Aber es gibt in den Texten auch die zweite, »how strange I am«.

---

1 Kopien der Briefe an René König befinden sich im Deutschen Literaturarchiv in Marbach. Ich hatte sie schon exerpiert, als sich der Nachlass noch im Besitz der Norbert-Elias-Stiftung befand.

Gut zwei Jahre später, am 25. Dezember 1963 schreibt er an König: »I would never have believed that my knowledge of human beings and the society, acquired mainly on the basis of European evidence, could prove so limited as it in fact proves to be here. I should not have believed that I have so much to learn from Africa.«

Aber dann – und das sollte uns auch nicht überraschen – kommt dann auch noch eine conclusio. Er macht nämlich deutlich, dass er nicht glaubt, dass die Anthropologen, wie er das nennt, jenes Fremdsein wirklich verstehen und wissenschaftlich verarbeiten können. In dem Brief heißt es dann: »I enjoy almost as much as you do running my own department and have already started during the Christmas vacations a community research with some of my students in one of the Ghanaean villages. So far, Africa has been left to the anthropologists, and they have left a great deal undone. It is time the sociologists take over. After some reflections I came to the conclusion, you will be surprises to hear, that one of the most urgent tasks are comparative community studies. I have started on this and it has proved most fruitful.«

Elias knüpft hier an seine Gemeindestudie in England in einem Stadtteil von Leicester an, der dort Winston Parva heißt. Diese Untersuchung hatte er schon vor seinem Aufenthalt in Ghana zur Veröffentlichung vorbereitet. Sie erschien allerdings erst danach als »The Established and the Outsiders«. In einer späteren Auflage hat er dann einen Teil seiner afrikanischen Erfahrungen in einem Appendix aufgenommen. Er verlässt Ghana im Jahr 1964 und schreibt am 17. März 1965 an René König: »I, as you know, had a very fascinating and fruitful time in Ghana and hope to bring out in the near future one or two books connected with my experiences.«

Daraus ist dann nichts geworden. Das hat verschiedene Gründe. Zum einen ist das Material doch nicht so aussagekräftig, jedenfalls das, was sich im Nachlass befindet, dass er ohne weiteres daraus ein oder zwei Bücher hätte machen können. Seit 2002 ist in französischer Sprache eine kleine Auswahl unter dem Titel »Écrits sur l'art africain« in der Éditions Kimé (Paris) verfügbar. Ein weiterer Grund ist wohl, dass 1965 die Rezeption seiner Arbeiten zunächst in Frankreich und dann in Deutschland begann, und er mit der Organisation seiner verschiedenen Reisen, seiner Gastprofessuren, mit verschiedenen Anforderungen für Vorträge und aktuelle Aufsätze beschäftigt war. Die Zeit in Ghana zwar nach wie vor ein wichtiges Erlebnis, er kam aber nicht dazu, über einen längeren Zeitraum an den Unterlagen zu arbeiten.

4. Nun ein letztes kleines Beispiel, die dritte Miniatur. 1966 reiste ich mit Elias im Spätherbst nach Griechenland, vor allem in das von mir damals favorisierte Südgriechenland, insbesondere den mittleren Teil des Peleponnes, die Mani, die damals gerade von jungen deutschen Bildungsbürgern, entdeckt worden war. Diese Gegend, deren Turmdörfer ein bisschen den oberitalienischen Turmstädten ähneln, ist nach wie vor faszinierend und eine der entleertesten Gegenden Griechenlands. Jedenfalls dort, in dem kleinen Hafenstädtchen Gerolimena, lernten wir beim Abendessen Wolfgang Boller kennen, der zu der damaligen Zeit der Redakteur des Reiseteils der Wochenzeitung DIE ZEIT war. Er überredete Elias, doch einen kleinen Artikel zu schrei-

ben: »Ein Soziologe auf Reisen«, und Elias sagte zu. Dies passierte oft, dass Elias im Gespräch andere Menschen für seine Arbeiten interessierte und dann von diesen aufgefordert wurde, darüber etwas zu schreiben. Es gibt eine ganze Reihe von solchen Arbeiten. Jedenfalls hat er dann diesen Text geschrieben und der ist 1967 auch irgendwann bei der ZEIT erschienen. Noch habe ich nicht herausgefunden, an welchem Tag, aber wir haben den Text im Archiv, und daraus will ich kurz berichten.

In meiner Erinnerung trug der Text nicht die Überschrift »Ein Soziologe auf Reisen«, sondern war, so glaube ich, damals in der ZEIT überschrieben mit »Die Sache mit den Schnürsenkeln«. Elias beschreibt in diesem Artikel, wie in verschiedenen Ländern Menschen, junge und alte, darauf reagieren, dass sich häufig die Schnürbänder an einem seiner Schuhe gelöst hatten.

Das erste Mal sei ihm das in Torremolinos in Spanien passiert. Er sei am Abend langsam und wohl auch etwas nachdenklich durch die Straßen des Fischerdorfes gegangen. »Es war noch warm, aber nicht mehr so warm wie am Tage. In den kleinen weißen Häusern standen die Türen offen. Auf den Stühlen davor saßen die Mütter und Großmütter mit einigen älteren Männern. Kinder spielten. Man sah die Heiligenbilder in den Zimmern, hörte die Rufe, das Geplauder von einem Hof zum anderen. Gruppen von jungen Burschen und jungen Mädchen, noch getrennt, gingen die Straße auf und ab und riefen sich lachend und kichernd allerlei zu. Ich ging zwischen ihnen entlang. Sie lebten in ihrer Welt, ich in meiner. Das ist es also, dachte ich, was der gute alte Tönnies eine Gemeinschaft nennt. Eine eng geschlossene Gemeinschaft, wo die Individuen, so sagen manche unserer Textbücher, eng miteinander verbunden sind. Zum Unterschied von der Gesellschaft der großen Städte, wo die Menschen lockerer miteinander verbunden sind und die Beziehungen unpersönlich sind.«

Hier ist wieder dieses »wie fremd sie sind«, »how strange they are«, aber es geht denn doch weiter. Er sieht auch, dass er das alles aus der Touristenperspektive sieht, schreibt: »Das sind und bleiben zwei Welten.« Aber jedenfalls, er hat den Eindruck, dass die Frauen ihm etwas zurufen und schließlich und endlich gelingt es einem älteren Mädchen, das sich vor ihn stellt, ihn darauf aufmerksam zu machen, dass seine Schuhe offen sind und endlich verstand er. »Am linken Schuh waren die Schuhbänder aufgegangen und schleiften etwas nach. Das passiert mir so oft, daß ich es gar nicht mehr merke. Aber die aufmerksamen Frauen hatten es gesehen und dachten offenbar, der fremde ältere Mann könne stolpern und sich Schaden tun. Unter allgemeinem Beifall, beobachtet und ermutigt von Frauen und Männern und Kindern ringsum, bückte ich mich, knüpfte die Schuhbänder sorgfältig in Knoten und Schleife, rief meinen Dank, den sie eben sowenig verstanden wie ich die freundlichen Worte, die sie mir zuriefen. Das Leben ging weiter. Ganz gewiß eine Gemeinschaft, sagte ich mir. Niemand ist ein ganz Fremder. Aber das soziologische Gewissen wies mich sofort zurecht: Spintisiere doch nicht! Was weißt Du denn, was da alles vor sich geht, wenn Du nicht dabei bist.«

Elias, der ein sehr persönlich gefärbtes Verhältnis zur empirischen Sozialforschung hatte, schreibt dann weiter, er habe dann das Schuhbandspiel als Experiment in verschiedenen anderen Städten und Ländern durchgeführt und dabei festgestellt, dass die Menschen unterschiedlich reagieren.

In London hätten ihn insbesondere gleichaltrige Herren darauf aufmerksam gemacht. In Paris hätten drei dreistündige Versuche selbst auf dem von ihm so geliebten Boulevard Saint Michel und am linken Seine-Ufer nur kümmerliche Ergebnisse gebracht. In Deutschland seien es vor allen Dingen Frauen gewesen, die ihn auf den geöffneten Schuh hingewiesen hätten und meistens hätte dann auch noch eine kurze Unterhaltung gefolgt, ganz im Unterschied zu London. In London war man zwar willig, ihn auf die Gefahr hinzuweisen, aber mit ganz wenigen Ausnahmen hätte man es mit freundlicher Reserviertheit getan. »In Deutschland erhielt ich darüber hinaus oft noch eine kleine Ermahnung mit auf den Weg, mit einigen Beispielen dafür, was alles passieren kann, wenn man nicht aufpaßt.«

Am Ende schreibt er: »Die Ergebnisse meiner kleinen Untersuchung sind, wie sie sehen, nicht recht schlüssig. Vielleicht ist die Welt nicht so scharf in Gemeinschaften und Gesellschaften unterschieden, wie es das Bedürfnis ordentlicher Menschen verlangt. Auch ist die Methode, die ich anwendete, noch der Prüfung bedürftig. Sie macht wohl Spaß, aber es ist möglich, daß man noch etwas mehr tun könnte, um sie auf den modernsten Stand der heutigen Wissenschaft zu bringen.«

5. Ich hatte zu Beginn angekündigt, dass ich aus verschiedenen Quellen berichte, gewissermaßen drei kleine Beispiele gebe, für das, was ich bei Elias im Umgang mit Fremden und Fremdem erlebt habe und was ich aus Quellen rekonstruieren kann. Ich habe auch gesagt, dass diesen Fakten die Fiktion folgen kann. Jeder aber, der jetzt sofort schon weiß, dass sei nun so und so gewesen und Elias

habe die und die Position gehabt, der sei gewarnt. Denn so einfach ist der Umgang mit einer Biographie nicht. Für den Menschen selber hat ein langes Leben, wie Elias einmal gesagt hat, Vorteile. Für Menschen, die sich ihm mit einer biographischen Methode, die prozessorientiert ist, nähern, ist das etwas schwieriger, da es doch immer neue Schübe in der Entwicklung gibt und so wie er gesagt hat »how strange they are, how strange I am, how strange we are«, so sollten wir heute im Umgang mit der Biographie von Norbert Elias sagen: »Wie fremd er ist, wie fremd ich bin, wie fremd wir sind.«

Watteaus Pilgerfahrt zur Insel der Liebe*

Am 9. Mai 1983 reiste Norbert Elias von Bielefeld, wo er seit mehreren Jahren im Zentrum für interdisziplinäre Forschung (ZiF) als Dauergast lebte, nach Berlin. Das Wissenschaftskolleg zu Berlin hatte ihn eingeladen, an einem Kolloquium über das Thema »Der private Raum« teilzunehmen. Dieses Kolloquium hatte Philippe Ariès organisiert, der damals Fellow im Wissenschaftskolleg war und einen interessanten Teilnehmerkreis zusammengestellt hatte. Ich erinnere mich an Helga Nowotny aus Wien, an Roger Chartier aus Paris und aus Deutschland nahmen unter anderen Barbara Duden und Karin Hauser teil. Es gab scharfe Auseinandersetzungen zwischen Elias und Ariès, diese beiden Hauptfiguren der Mentalitätsgeschichte.

Zu den Besonderheiten des Wissenschaftskollegs gehören die Pflege und die Unterstützung wissenschaftlicher Kommunikation. Es ist eine alte Regel, dass man hierzu Gelegen-

---

* Vortrag am 17. September 1999 im Schloss Charlottenburg in Berlin aus Anlass der Vorstellung des in der Münchener Edition des Verlags der Provinz erschienen Essays von Norbert Elias.

heiten organisieren muss. Eine dieser Gelegenheiten ist das tägliche Mittagessen – im Kolleg Lunch genannt –, bei dem Anwesenheitspflicht für die Fellows besteht. So fanden wir uns am zweiten Tag am Tisch des Rektors Peter Wapnewski ein. Dort erzählte er Elias und den anderen Gästen von der öffentlichen Debatte in Berlin über die Frage, ob die Stadt sich den Luxus leisten solle, das Watteau-Bild »Einschiffung nach Kythera« von seinem damaligen Eigentümer, dem Prinzen Louis Ferdinand von Preußen, anzukaufen.

Elias reagierte spontan und sagte, dieses Bild müsse unbedingt für die Öffentlichkeit zugänglich bleiben. Es sei eine Perle der Berliner Museumslandschaft. Der ebenso überraschte wie erfreute Wapnewski fragte sogleich: »Wären Sie auch bereit, dieses in der Öffentlichkeit, eventuell sogar vor dem Bild, der Presse zu sagen?«. Elias bejahte sofort. Der Medien erfahrene Wapnewski sah hier sicherlich nicht nur einen Anlass, in die Debatte um den Ankauf des Bildes einzugreifen, sondern auch eine Möglichkeit für sein Wissenschaftskolleg (ganz im Sinne des Tagungsthemas) etwas Reklame zu machen.

So begab sich also eine kleine Gruppe aus dem Wissenschaftskolleg am nächsten Tag zum Schloss Charlottenburg. Wir konnten damals den Haupteingang nicht benutzen, weil dort der Generalgouverneur Kanadas begrüßt wurde. So marschierten wir von einem Seiteneingang hin zum Knobelsdorff-Flügel, es war ein langer Weg. Vorneweg der damalige Direktor des Schlosses Charlottenburg Professor Börsch-Supan und Elias – am Stock gehend –, dahinter einige Journalisten und dann einige aus der Entourage von Elias, unter anderem Roger Chartier und auch ich. Der Aufzug hatte einen leicht höfisch-aristokratischen Charakter, gut passend zu den Räumen des Schlosses, die wir langsam und gemessen durchschritten.

Vor dem Bild hielt Elias dann eine kleine Rede. Ich hatte damals zunächst den Eindruck, dass er gar keine Ahnung hatte, was auf dem Bild zu sehen war. Man muss wissen, dass Elias zu der damaligen Zeit bereits nur noch eine sehr schwache, 30-prozentige Sehkraft auf einem Auge hatte, und das Bild aus Sicherheitsgründen hinter Glas ausgestellt wurde, das aber nicht entspiegelt war. Deshalb bezweifelte ich, ob Elias etwas auf dem Bild erkannte, aber er konnte aus der Erinnerung über das Bild reden – und zwar auch über Details.

Professor Börsch-Sutan hat mir später dazu geschrieben: »Es gehört zu den bleibenden Erinnerungen meiner Amtszeit als Museumsdirektor in Charlottenburg, dass der schon fast erblindete Norbert Elias 1983 vor dem Bild aus der genauen Erinnerung aller Einzelheiten darüber redete«. Auch in den Gesprächen hinterher, ich erinnere mich an ein langes Gespräch über das Bild während der Taxifahrt vom Wissenschaftskolleg zum Flughafen Tegel, wusste Elias genaue Einzelheiten. Zu meiner nicht geringen Überraschung sagte er während der Taxifahrt zum Flughafen: »Ich glaube das Bild ist eine Fälschung, aber ich dachte, es sei dort vielleicht nicht der richtige Orte, darauf aufmerksam zu machen«. Er hatte nämlich auf dem Bild zwei in den Wald fliegende Engelchen gesehen, die da seiner Meinung nicht hingehörten. Es stellte sich dann aber schnell heraus, dass das Bild im Schloss Charlottenburg eines der drei Bilder ist, die Watteau zu dem Thema gemalt hat. Elias kannte aus seiner Pariser Exilzeit wohl das ähnliche Bild, das im Louvre hängt – und da fliegen keine Engelchen.

Zurückgekehrt nach Bielefeld setzte sich Elias dann hin und schrieb sein Essay »Watteaus Pilgerfahrt zur Insel der Liebe«. Wie immer bei den Elias'schen Arbeiten gibt es mehrere Fassungen, die er hintereinander, aufeinander aufbauend entwickelt hat. Der vorliegende Text ist die erkennbar letzte Fassung, soweit sich das rekonstruieren lässt. Abgesehen von der Lektüre des Essays bleibt die Frage zu klären: Wie kommt ein Soziologe wie Elias dazu, über den Maler Antoine Watteau ein recht langes und, wie man bei der Durchsicht des Textes sehen kann, ein detailreiches Essay zu schreiben? Es gibt mehrere Linien in seiner Biographie, die zu dieser Schreibarbeit hin führen.

Erstens ist auf sein damaliges Arbeitsgebiet hinzuweisen. Er arbeitete Anfang der achtziger Jahre unter anderem über das, was er »soziale Kanons im Widerstreit und Wandel« nannte. Es ging dabei den Übergang von einer gesellschaftlichen Ordnung in eine andere. Elias wollte dies an einzelnen Personen darstellen, in denen sich sowohl das Alte als auch das Neue widerspiegelte. Das bekannteste Ergebnis dieser Arbeiten ist sein Buch über Mozart »Zur Soziologie eines Genies« Er beschreibt darin, wie Mozart sich von einem aristokratie-abhängingen Künstler zu einem berufsbürgerlichen selbstständigen Komponisten entwickelte.

Dabei handelte es sich aber um einen Themenkreis, den Elias schon in den frühen 1930er Jahren traktierte. Seine erste Veröffentlichung im Exil hieß »Kitschstil und Kitschzeitalter« und erschien 1935 im zweiten Jahrgang der »Sammlung«, der von Klaus Mann herausgegebenen Zeitung der Exilierten. Dort heißt es zu Anfang, im dritten Absatz, »der Stilwandel vom »Barock« zum »Rokoko«, vom Stil »Louis XIV« zum Stil der Regentschaft ist ein Wandel im Rahmen der gleichen Gesellschaftsschicht. Der tiefere Einschnitt, der zwischen der Formenwelt des 18. und der des 19. Jahrhunderts lieg, ist der Ausdruck für den Aufstieg einer neuen Gesellschaftsschicht, des kapitalistisch-industriellen Bürgertums, zur Macht. An die Stelle des höfischen tritt der bürgerlich-kapitalistische Stil und Geschmack.«[1] Und einige Absätze weiter wird bereits als einer der Repräsentanten für die vorrevolutionäre Zeit Antoine Watteau genannt.

Elias schrieb den Artikel für »Die Sammlung« in Paris, seiner ersten Exilstation. Paris war wahrscheinlich deshalb die erste Station, weil er dort schon einige Jahre lang im Sommer in Archiven für seine Habilitationsschrift »Der höfische Mensch« recherchiert und Kontakte zu Historikern der Annales Schule geknüpft hatte.

In der Habilitationsschrift, die erst 1969 bei Luchterhand als »Die höfische Gesellschaft« erschien, beschreibt und erklärt Elias, wie in Frankreich unter Ludwig dem XIV. aus dem regionalen Schwertadel eine Gesellschaft von Höflingen wurde, die nun nicht länger die Kraft der Arme, sondern Etikette und höfisches Zeremoniell üben und einsetzen mussten.

Dabei geraten auch die schönen Künste als Teil der Gesamtentwicklung der menschlichen Gesellschaft in den Blick. Elias schreibt unter ausdrücklicher Erwähnung von Watteau: »Alle Haltungen und Stimmungen, die das höfische Leben hervorrief , etwa die bewusste Gehaltenheit und Künstlichkeit der Gebärde, Erfordernis der Geltung in dieser

---

1 Norbert Elias: Kitschstil und Kitschzeitalter. In: Die Sammlung. Literarische Monatsschrift unter dem Patronat von André Gide, Aldous Huxley, Heinrich Mann. Hg. Von Klaus Mann. 2. Jg., Amsterdam 1933, S. 252. Ges. Schriften Bd. 1, 148.

Gesellschaft, pompös-heroische Gravität oder legere Grazie, alles das geht von nun ab in das Bild der ländlichen Natur, in die Gestaltung der Landschaft mit ein. Unter den Händen höfischer Maler wird die Natur als ein von Sehnsucht durchformte Kulisse des höfischen Lebens zunächst zur klassizistischen, zur Barock- und schließlich zur Rokokolandschaft ganz entsprechend der Entwicklung des Hofes und der höfischen Gesellschaft selbst«[2]

Aber wir können noch einen Schritt weiter in der Biographie zurückgehen und nach Breslau schauen, die Stadt in der er 1897 geboren wurde, wo er zur Schule ging und bis zur Promotion studierte. Dort lehrte an der Universität bis 1920 Wilhelm Pinder, der damals in der deutschen Kunstgeschichte eine bedeutende Rolle spielte, insbesondere mit seiner These von dem besonderen Stil, den jede Künstlergeneration entwickelt. Elias hörte 1919/1920 bei ihm Kunstgeschichte und legte auch im Rigorosum eine Prüfung im Nebenfach Kunstgeschichte ab. Pinder hatte für Norbert Elias und seine jüdischen Intellektuellenfreunde noch eine besondere Bedeutung, denn sie gingen auch in seine Vorlesungen. Diese junge jüdische Elite war auf der Suche nach einem neuen Judentum. Sie hatten die Vorstellung von einem neuen Renaissancemenschen und interessierten sich deshalb für die Generationenthese von Pinder.

Und schließlich ist noch darauf hinzuweisen, dass Karl Mannheim, bei dem Elias ab 1926 erst in Heidelberg Soziologie lernte, und bei dem er dann ab 1930 in Frankfurt As-

---

2 Norbert Elias: Die höfische Gesellschaft. Untersuchungen zur Soziologie des Königtums und der höfischen Aristokratie. Mit einer Einleitung: Soziologie und Geschichtswissenschaft. Frankfurt/Main 1983, 342. Ges. Schriften Bd. 2

sistent war, sich intensiv mit der Generationenthese von Pinder auseinandergesetzt hatte. Auch aus dieser Zeit dürfte Elias die eine oder die andere Kenntnis kunstgeschichtlicher Daten und Fakten erworben haben.

Jedenfalls irgendwann auf diesem Weg, den wir in einigen Konturen zurückverfolgt haben, muss Elias sich intensiv mit Watteau und der dazugehörigen Sekundärliteratur beschäftigt haben. Denn der Text zeigt, dass hier jemand nicht nur über das vor ihm stehende Bild nachdenkt und schreibt, sondern Elias präsentiert sich hier als jemand, der über die damalige Zeit nicht nur kunstgeschichtliche Kenntnisse hat, sondern auch weiss, welche Sekundärquellen er zu zitieren hat zum Beleg seiner These.

Im Nachlass finden sich keine Hinweise aus der Zeit vor 1983. Es ist also anzunehmen, das irgendwann auf der langen Strecke zwischen 1919, als Elias begann, Kunstgeschichte zu studieren, und dem Jahr 1983 eine intensive Beschäftigung mit Watteau und insbesondere mit dem Bild »Pilgerfahrt zur Insel der Liebe« stattgefunden haben muss. Eine Arbeit, die dem 86jährigen aus Anlass der Begegnung mit dem Bild wohl wieder zu Bewusstsein kam.

7 Elias und der jüdische Wanderbund Blau-Weiß*

Mit der Verleihung des Theodor W. Adorno-Preises im Oktober 1977 an Norbert wurde der Name des Preisträgers erstmals weltweit in den Medien erwähnt. Eine gewisse öffentliche Präsenz zumindest in Westeuropa blieb Elias auch den folgenden Jahren. So ist es zu erklären, dass sich immer mal wieder Menschen zumeist brieflich bei ihm meldeten, die ihn in Breslau gekannt hatten und an gemeinsame Tage erinnerten.

Der hier abgedruckte Brief ist ein solcher Versuch einer Kontaktaufnahme, der deshalb erhalten geblieben ist, weil ich Elias überreden konnte, ihn mir zu überlassen, um dem Absender ein paar freundliche Zeilen zu schreiben. Elias hat die meisten Versuche, Kontakt mit ihm aufzunehmen, abgewimmelt, vermutlich auch Briefe, die ihn erreichten, einfach vernichtet. Einige hat er beantwortet, so ein längeres Schreiben von Martin Bandmann, einem seiner engen Bres-

* In etwa zeitgleich erscheint ein ähnlicher Beitrag zur Bedeutung der jüdischen Jugendbewegung. Barbara Stambolis (Hrsg.): Jugendbewegte Biographien im 20. Jahrhundert. Quellen und Essays. Göttingen 2013.

lauer Freunde, der Anfang der 1920er Jahre einige Jahr Zeit Bundesführer des zionistischen Wanderbundes Blau-Weiß gewesen war. Der Briefwechsel befindet sich im Literaturarchiv in Marbach.

Wenn Walter (?) Moses sich in dem Brief darüber beklagt, Elias habe sich bei einem Anruf nicht erinnern wollen, so war das nicht einer momentanen Laune geschuldet, sondern eine stets vorhandene Abwehrhaltung, wenn er an die Breslauer Zeit erinnert wurde oder in Interviews danach gefragt wurde. Und so ist die folgende Aussage in dem wichtigsten biographischen Interview das einzige Mal, dass Elias sich zu der Zeit in der jüdischen Jugendbewegung geäußert hat:

»Ja, die deutsche Landschaft hat mir auch später noch viel bedeutet. Keiner der deutschen Dome, den ich nicht kannte – Bamberg zum Beispiel. Ich war mit all den Bauwerken vertraut, mit sämtlichen Stilen. Und tatsächlich gab es eine jüdische Jugendbewegung, die ganz auf diese deutschen Dinge ausgerichtet war«.[1]

Zwar war gegen Ende seines Lebens durchaus bekannt, dass Elias dem jüdischen Wanderbund Blau-Weiß angehörte. Aber er selbst hat sich dazu nie öffentlich geäußert, auf private Nachfragen entweder den Tatbestand abgestritten oder in seiner Bedeutung als nebensächlich bezeichnet.

Nur in einem Punkt gab er Auskunft. Sein Essay »Vom Sehen in der Natur«[2] sollte nicht vergessen sein. Als er

---

[1] Biographisches Interview mit Norbert Elias. Interview von Arend-Jan Heerma van Voss und Abram de Swaan (1984), in: Norbert Elias über sich selbst. Frankfurt 1990. Ges. Schriften Band 17, S. 208

[2] Norbert Elias: Vom Sehen in der Natur. In: Blau-Weiß Blätter. Führerzeitung. Herausgegeben von der Bundesleitung der jüdischen Wanderbünde Blau-Weiß II (1921), Heft 8-10 (Breslauer Heft), S. 133–144. Ges. Schriften, Bd. 1, S. 9–28

Natania 11.9.88.

Lieber Norbert Elias!

Als ich vor einigen Monaten Deinen e i n maligen Namen in
einer deutschen Zeitung mit großer Hochachtung erwähnt fand,
öffneten sich mir die Tore einer ca. 7oJahre zuzückliegende
aber noch nicht verschütteten Erinnerung. Damals warst Du
Führer des 7. Zuges im breslauer Blau-weiß, leider für eine
zu kurze Zeit, da Du an die Univ. Heidelberg gingst-wenn
ich mich recht erinnere. Dein nicht ebenbürtiger Nachfolger
wurde Fritz Freudenthal, der während der hitler Zeit zu sei
ner Familie nach Chile ging. Ich vor einigen Wochen einen
hiesigen Bekannten, Deine Adresse in Amsterdam ausfindig zu
machen und ich verstehe nicht, daß Du bei seinem Anruf Dich
nicht auf meinen "großen Namen" erinnern kontest.- Der Glo=
gauer war dem 7. Zug in Breslau zugeteilt und es ist ver=
ständlich, daß Dir der kleine "Pepo" Jahrgang 19o8 nicht
in Erinnerung geblieben ist. Wohl aber mein 8Jahre älterer
Bruder Fritz und sein kleiner Freund Ernst Lachmann!!(auch
das ein einmaliger Name) und meine spätere Schwägerin Herta
Schönfeld-alle 3damals Medizin Studenten und später Ärzte.
Nun der Rasen alle diese wohl auch Dir noch Vertrauten,
die damals mit Dir einen so schönen Anlauf genommen hatten.
Dein Verdienst war es, daßDu dem 7. Zug die humanistisch,
liberale Linie gegeben hast, die ihn vor allen anderen im
Blau-weiß auszeichnete. Nimm diese Zeilen als bescheidene
Anerkennung und falls Du wie ich noch genügend romantische
Nostalgie besitzt, lege sie zu den Briefen Bedeutenderer!

Mitte der 1980er Jahre an einem Essay über die Natur[3] arbeitete, erwähnte er mir gegenüber diesen Text, den er in der Führerzeitschrift des Blau-Weiß 1921 veröffentlicht hatte. Er selbst hatte kein Exemplar mehr, aber nach einigem Suchen fand ich das Heft in der Germania-Judaica in Köln und durfte es für meine Werkbiographie nutzen, die 1988 bei Suhrkamp erschien.

Einige Jahre nach dem Tod von Elias am 1. August 1990 berichtete Jörg Hackeschmidt zunächst mündlich über seine Recherchen zur Geschichte des Wanderbundes Blau-Weiß und den Belegen für ein starkes Engagement von Elias in der Führungsgruppe des Blau-Weiß nach 1918. Einige Jahre später lag seine umfassende Untersuchung dann als Buch vor.[4] Danach war klar, dass Elias schon als Primaner Gruppenführer im Blau-Weiß war und nach der Entlassung 1919 aus einem Genesenden-Bataillon bis 1925, als Blau-Weiß sich auflöste, einer der ideologischen Anführer war.

Nach Ende des 1. Weltkriegs wollte eine größere Zahl junger Juden nicht länger auf den Assimilationskurs eines Großteils ihrer Elterngeneration vertrauen, sondern plante einen eigenständigen jüdischen Staat. Der Wanderbund Blau-Weiß war als Kontrastprogramm zu den jüdisch-deutschen Vereinen und Verbänden gedacht. Es war eine dem Zionismus verpflichtete Gemeinschaft, die bald heftiger Kritik der betont deutschen Juden ausgesetzt war. Aber auch innerhalb der zionistischen Jugendbewegung gab es heftige

---

3   Norbert Elias: Über die Natur. In: Merkur. Deutsche Zeitung für europäisches Denken, 40. Jg., Stuttgart 1986. Gesammelte Schriften Band 16, S. 118–138
4   Jörg Hackeschmidt: Von Kurt Blumenfeld zu Norbert Elias. Die Erfindung einer jüdischen Nation. Hamburg 1997

Flügelkämpfe, z. B. zwischen einer eher sozialistischen Strömung und der bürgerlich-elitären Richtung des Breslauer Blau-Weiß. Das alles lässt sich bei Hackeschmidt nachlesen.

Hier interessiert zunächst die Frage, ob die Mitgliedschaft des jungen Norbert Elias in dieser eher politisch ausgerichteten Gruppe Einfluss und nachvollziehbare Wirkung auf seine Biographie gehabt hat. 1925 löste sich der »Blau-Weiß« auf und Elias ging nach seiner Promotion nach Heidelberg und wandte sich der Soziologie zu. Auch dort gab es verschiedene Gruppierungen. Elias war wohl loses Mitglied einer sozialistischen Studentengruppe, jedenfalls zeigt ihn ein Foto aus 1928 zusammen mit Heinrich Taut, Hans Gerth, Boris Sapir, Svend Riemer, Ulrike Otto, Georg Schwarzenberg und Suse Schwarz.

Aus der Heidelberger Zeit stammt ein kurzer Essay mit dem Titel »Zur Soziologie des deutschen Antisemitismus«, den Elias, wohl angeregt durch Karl Mannheims Schrift »Das konservative Denken«,[5] in einem israelischen Gemeindeblatt veröffentlichte. Der soziologischen Analyse folgt für Elias dann als Konsequenz »nach Palästina zu gehen, weil der Kampf für ein nationales Heim der Juden fruchtbarer erscheint als der Kampf für die soziale Gleichstellung der Juden in Deutschland. Wer solche Konsequenzen nicht ziehen will, dem bleibt die Resignation«.[6] Dies ist die einzige Quelle zum Zionismus aus der Heidelberger Zeit.

---

5   Karl Mannheim: Das konservative Denken. In: Archiv für Sozialwissenschaft und Sozialpolitik Bd.57 Heft 1, 1927
6   Norbert Elias: Zur Soziologie des deutschen Antisemitismus. In: Israelisches Gemeindeblatt. Offizielles Organ der Israelischen Gemeinden Mannheim und Ludwigshafen, 13. Dezember 1929–11. Kislev 5690, 7. Jg., Nr. 12, S. 3–6. Ges. Schriften, Bd. 1, S. 117–126

Erst aus der Frankfurter Zeit, als Elias bei Karl Mannheim Assistent war, gibt es dann wieder einen Hinweis. So berichtete Margarete Sallis-Freudenthal, eine Doktorandin von Mannheim, die von Elias betreut wurde, von einem erfolglosen Gespräch, bei dem sie ihn zur gemeinsamen Übersiedelung nach Palästina hatte überreden wollen. Aber Elias, so kommentierte sie dessen Weigerung, sei einer jener Zionisten gewesen, von denen ein Witz sage: »Zionisten sind Leute, die mit dem Geld eines zweiten einen dritten nach Palästina schicken«.[7]

Aus den ersten Exiljahren gibt es keine Hinweise auf einen etwaigen Einfluss auf seine wissenschaftliche Arbeit oder sein alltägliches Leben. Die Hilfsorganisation, die sich bis in die späten 1940er Jahre um ihn kümmerte, war eindeutig nicht zionistisch. Aber das heißt nicht, dass er alles vergessen hatte. Als er 1940 vorübergehend interniert wurde, traf er in der Unterkunft auf der Isle of Man auf den jungen Peter Galliner (1920–2006), mit dem er sofort eine intensive Diskussion über die Notwendigkeit des Zionismus begann. Dessen Vater war nämlich der Sohn eines bekannten jüdischen Antizionisten. Der Vater hatte sieben Brüder; die alle Rabbiner und aktiv in der deutsch-nationalen, anti-zionistischen Bewegung engagiert waren bzw. gewesen waren. Galliner hat mir nach dem Tod von Elias berichtet, dieser habe ihn bis in die Mitte der 1950er Jahre für den Zionismus gewinnen wollen. Das ist dann auch die letzte Quelle, von einigen Spenden an eine zionistische Großorganisa-

---

7 Margarate Sallis-Freudenthal: Ich habe mein Land gefunden. Autobiographischer Rückblick. Frankfurt am Main 1977, S. 117

tion abgesehen, die sich in den Bankunterlagen nachweisen lassen.

Was nun die Aktivitäten im Blau-Weiß betrifft, ist eher zu bezweifeln, dass von dort ein Einfluss auf das Werk ausging, wie überhaupt fraglich ist, ob es überhaupt einen gab, der primär von dort ausging. In fast allen Interviews zu seiner Biographie spielt ein anderes Ereignis dagegen ein zentrale Rolle: der Erste Weltkrieg. Als Elias nach dem Abitur als Kriegsfreiwilliger in den Krieg zieht, ist er gerade 18 Jahre alt geworden. Er wurde als Telegraphist ausgebildet, zunächst in der Etappe der Ostfront eingesetzt und dann an die Westfront verlegt, wo er die Somme-Schlacht mit ihren ungeheuren Verlusten an Menschenleben mitmachte, bis er verwundet wurde.

Am Ende des Krieges ist der bis dahin in einem bürgerlich-jüdischen Milieu umsorgte und behütete junge Mensch ein anderer geworden. »Der Krieg hat dann alles verändert. Als ich zurückkam war es nicht mehr meine Welt. ... Ich hatte mich auch selbst verändert«.[8] Allerdings waren es nicht Gewalt und Tod, die den nachhaltigsten Eindruck hinterließen, sondern das Erlebnis »der relativen Machtlosigkeit des Einzelnen im Gesellschaftsgefüge«. Es ist die Stellung des Individuums in der Geschichte, die ihn fortan interessiert und die Zweifel, die er an der Figur des »vereinzelten Menschen« bekommt, sah er »im Zusammenhang mit Erfahrungen im gesellschaftlichen Leben selbst, also zum Beispiel mit Kriegserfahrungen, durchaus nicht zentral mit Bucherfahrungen«.[9]

8 Norbert Elias: Biographisches Interview, a. a. O., S. 204
9 Norbert Elias: Notizen zum Lebenslauf. In: Norbert Elias: Über sich selbst, Frankfurt am Main 1990. Ges. Schriften Band 17, S. 32

Auch sein Interesse an gesellschaftlichen Veränderungen hat eine Wurzel in der Zeit. In dem Interview von 1984 wurde er gefragt, ob er etwas zu den Unterschieden zwischen Deutschland 1914 und 1919 sagen könne, was sich verändert hatte. Er antwortete: »Ihre Frage macht mich darauf aufmerksam, dass die zentrale Rolle, die der Wandel in meinem Denken spielt, mit dieser Erfahrung zusammenhängen könnte«.[10]

Vor diesem Hintergrund sind Einflüsse des Jugendbundes Blau-Weiß auf sein Werk wohl eher als sekundär einzustufen. Elias brachte seine Kriegserlebnisse mit in den Kreis junger Breslauer Juden ein, mit denen er schon das Gymnasium besucht und vielleicht in den Jahren vor dem Krieg jugendgemäße Gemeinschaft erlebt hatte. Nun als der Krieg ihn verändert hatte, stand das Ziel eines eigenen jüdischen Staates im Mittelpunkt dieser engagierten Gruppe. Es ging eben nicht um ein eigenständiges jugendbewegtes Leben, sondern um eine neue jüdische Nationalkultur. Als sich der Wanderbund Blau-Weiß schließlich auflöste, ging Elias seiner Wege. Aber die Kriegserlebnisse blieben erhalten. Und so ist es kein Wunder, dass er in autobiographischen Erinnerungen und Interviews immer wieder auf die Kriegserlebnisse zu sprechen kam.

Etwas anderes aber blieb aus der Zeit dem Lehrer Elias: ein starkes Interesse an pädagogischen Fragen. Diese spielten im Breslauer Blau-Weiß eine besondere Rolle. In dem abgedruckten Brief wird das angesprochen. Dieses Interesse war allerdings eine lokale Besonderheit, die wenig mit den zionistischen Zielen, wohl aber mit dem großen Einfluss zu

---

10 Norbert Elias, Biographisches Interview, a. a. O. S. 218

tun, den Richard Hönigswald auf diesen Kreis hatte. Schon als Gymnasiasten besuchten Elias und seine jüdischen Freunde die Vorlesungen dieses neukantianischen Philosophen, der dann auch der Doktorvater von Elias wurde. Eine distanzierte Haltung gegenüber Sachverhalten und ein auf Dialog basierendes Lernen blieben sein Leben lang Prinzipien von Forschung und Lehre. Aber auch hier war der Einfluss des Jugendbundes ein vermittelter, nicht originär aus ihm entstanden.

Autobiographische Äußerungen sind als Quellen stets mit einer gewissen Reserve zu benutzen. Aber wenn ein Punkt so gut wie überhaupt nicht, nämlich die Mitgliedschaft im »Blau-Weiß«, ein anderer aber, nämlich die Kriegserfahrungen in der Rückerinnerung einen so hohen Stellenwert haben, so sollte man das dann doch jedenfalls vorläufig akzeptieren. Sicher ist etwas dran an der spöttischen Bemerkung von Max Frisch, jeder Mensch erfinde sich irgendwann eine Geschichte, die er dann für sein Leben halte. Aber erstens ist das dann auch essentieller Teil einer Biographie und zweitens sollte ein Biograph darauf verzichten, diesem Menschen eine andere Geschichte (vor)zu schreiben.

Bleibt zum Schluss noch die Frage, warum Elias über seine Zeit im jüdischen Wanderbund Blau-Weiß nicht sprechen wollte. Hierzu sind verschiedene Vermutungen angestellt worden. Es lohnt nicht, diese zu erörtern, meine eigenen eingeschlossen, da es zu keiner dieser Spekulationen einen halbwegs schlüssigen Beleg gibt, geschweige denn aussagekräftige Quellen. Ich halte mich deshalb an den Religionslehrer, von dem Theodor Eschenburg gelegentlich in seinen Seminaren erzählte. Der Herr Studienrat habe den Klassenraum betreten und gefragt: Ist Jesus links oder rechts um den See Genezareth gegangen? Beide Antwortmöglichkeiten waren falsch, die richtige Antwort lautete: Wir wissen es nicht und müssen uns bescheiden.[11]

---

[11] Diese Anekdote erzählte mir mein Freund Klaus Betzen auf einem unserer Spaziergänge auf dem Roßberg nahe Tübingen.

Armer Jakob, Armer Norbert, Armer Hans*

I.

Am Pfingstsonntag 1940 kamen zwei Bobbies. Sie forderten den siebzehn Jahre alten Eric Wolf auf, einen kleinen Koffer zu packen und mitzukommen. Sie waren höflich, gaben aber keine Erklärungen ab. Auf der Polizeistation in einem Vorort von London waren viele ihm unbekannte deutsche und österreichische Männer. Die erste Nacht war für ihn mehr ein Abenteuer als eine Bedrohung. Am meisten beeindruckten ihn die Mitglieder der kommunistischen Partei. Die hatten offenbar schon Erfahrung mit Verhaftungen und nahmen es routiniert-gelassen. Am nächsten Morgen brachten Busse ihn und die anderen Män-

---

* Diesen Text hatte ich zuerst für meine Hamburger Abschiedsvorlesung am 28. März 2000 geschrieben, dann in erweiterter Form als Einführungsvortrag gehalten zur Aufführung der »Ballade vom armen Jakob« – Text Norbert Elias, Musik Hans Gál – durch Mitglieder des Staatstheaters Stuttgart am 14.September 2007 im Deutschen Literaturarchiv in Marbach am Neckar.

ner nach Liverpool in eine halbfertige Wohnsiedlung. Dort musste er seinen Pass und sein Geld abgeben. Die für diese Menschen so enorm wichtigen Pässe wurden in einen Raum geworfen und blieben dort bis zur Entlassung. So hat Eric Wolf, der später ein berühmter Sozialanthropologe in den USA wurde, den Beginn seiner Internierung durch englische Behörden im Mai 1940 geschildert.

Die Internierung einer großen Zahl von »refugees from Nazi-oppression« – zusammen mit in England lebenden Deutschen und festgesetzten Matrosen der deutschen Handelsmarine – findet sich in vielen Autobiographien und Lebenserinnerungen geflüchteter Juden und Gegnern des Nazi-Regimes, die es nach England verschlagen hatte. So auch bei den Menschen, die am heutigen Abend im Mittelpunkt stehen: Norbert Elias und Hans Gál. Beide hatten bis 1933 in Deutschland einer hoffnungsvollen Karriere entgegen geblickt, diese dann abbrechen müssen und waren nach England ins Exil geflüchtet.

Der 1897 in Breslau geborene Norbert Elias, heute ein Klassiker der Soziologie, war über ein Promotionsstudium der Philosophie nach Heidelberg und zur Soziologie gekommen, hatte dort ab 1926 bei Alfred Weber Vorlesungen und Seminare besucht, und begonnen, mit Karl Mannheim freundschaftlich zusammenzuarbeiten – soweit das bei Mannheim möglich war. 1930 folgte er Mannheim als dessen Assistent nach Frankfurt, wo im Januar 1933 die Habilitationsschrift »Der höfische Mensch« angenommen wurde. Nach der Machtergreifung floh Elias relativ bald zuerst nach Paris, und später, im Herbst 1935, nach England. Dort schrieb er im berühmten Lesesaal des Britischen Museums »Über den Prozess der Zivilisation« und fand nach einiger Zeit auch Anschluss an eine Gruppe von Soziologen und Sozialhistorikern der London School of Economics. Diese Gruppe wurde, wie viele Londoner wissenschaftliche Einrichtungen, wegen der deutschen Bombenangriffe nach Cambridge ausgelagert. Dort wurde er am Pfingstsonntag 1940 von zwei Polizisten abgeholt, zunächst nach Huyton bei Liverpool gebracht, und dann, nach einigen Wochen, per Schiff auf die Isle of Man.

Hans Gál war im August 1890 in einem Vorort von Wien als Sohn eines Arztes geboren worden. Schon in der Schulzeit widmete er sich ganz der Musik, promovierte 1913 mit einer musikwissenschaftlichen Arbeit, komponierte erste Opern, wurde aber 1914 erst einmal Soldat. Zwar körperlich unversehrt, aber von den Kampfgefahren beeindruckt und verändert, legte er seine Jugendkompositionen zur Seite und begann von Neuem, einen eigenen Stil zu entwickeln. Hier gibt es eine Parallele zu Elias, der in dem autobiographischen Interview »Norbert Elias« über sich selbst sagt: »Der Krieg hat dann alle verändert. Die Welt, die ich gekannt hatte, war nicht länger meine Welt.« 1919 wird in Breslau Gáls erste Oper »Der Arzt der Sobeide« uraufgeführt. Im selben Jahr tritt er eine Stelle als Lektor für Harmonie, Kontrapunkt, Formenlehre und Instrumentation an der Universität Wien an. Seine zweite große Oper, die »Heilige Ente«, wurde von Georg Szell uraufgeführt und dann an über 20 deutschen Bühnen gespielt.

Überhaupt war er in den 20er Jahren einer der erfolgreichsten deutschsprachigen Komponisten, was unter anderem dazu führte, dass er 1929 nach Mainz als Direktor der städtischen Musikhochschule berufen wurde. Seine fünfte Oper, »Die beiden Klaas«, wollte Fritz Busch 1933 in Dresden uraufführen. Dazu kam es nicht mehr, Gál verlor 1933 seine Stelle, musste nach Wien zurückkehren und floh 1938 mit seiner Familie nach England.

»Die beiden Klaas« harren immer noch der Uraufführung. Ich denke, das wäre eine besondere Aufgabe für ein Opernhaus. Wenn Fritz Busch die Oper akzeptieren konnte, müsste das auch heute noch möglich sein. Gáls Zeitgenosse Schreker ist auch mit großem Erfolg vor gut 30 Jahren wiederentdeckt und erfolgreich aufgeführt worden. Der heutige kleine Ausschnitt aus dem musikalischen Schaffen von Hans Gál wird – da bin ich sicher – nicht nur mich überzeugen, dass es sich lohnt, auch Gál endlich wieder aufzuführen. Die Noten gibt's bei Schott.

Gál gelangte eher zufällig nach Edinburgh, wo er im Hause eines emeritierten Ordinarius für sich und seine Familie Unterkunft fand. Aber auch er wurde Pfingsten 1940 als feindlicher Ausländer abgeholt, zunächst nach Huyton bei Liverpool gebracht, und dann auf der Isle of Man interniert. Und so begegneten sich Norbert Elias und Hans Gál, zu ihrer eigenen Überraschung als »enemy aliens«, als feindliche Ausländer eingestuft. Wie kam es dazu?

II.

Als im Frühsommer 1940 die Truppen der deutschen Wehrmacht mitten in Frankreich standen, Norwegen und Dänemark besetzt waren und die Möglichkeit einer Invasion nach England immer wahrscheinlicher wurde, internierte die britische Regierung deutsche und österreichische Männer, unter ihnen einige tausend nach England geflüchtete Juden und Gegner des faschistischen Regimes in Deutschland. Zwar hatten die meisten von ihnen schon einen bevorzugten Aufenthaltsstatus, aber das half ihnen wenig. In der englischen Regierung hatten sich nämlich diejenigen Politiker durchgesetzt, die dem Rat des Botschafters Seiner Majestät in den Niederlanden folgen wollten, grundsätzlich in jedem Deutschen oder Österreicher einen potentiellen Spion, ein Mitglied der fünften Kolonne zu vermuten. Im Oberhaus gab es eine hitzige Debatte, in der einer der Lords rief »collar the lot«, frei übersetzt: »Sperrt das Gesindel ein«.

Den Briten fehlte allerdings nicht nur das Verständnis für die verzweifelte Lage der Flüchtlinge, sondern auch die Bürokratie war völlig überfordert. Zunächst wurden die Internierten provisorisch in halbfertigen Siedlungen, wie zum Beispiel in Huyton oder auch im Winterquartier des Zirkus Bertram Miller in Ascot untergebracht, dann der größte Teil auf die Isle of Man verschifft, wo die endlosen Reihen von boarding houses mit Stacheldraht umzäunt und mit zwei Mann pro Bett belegt wurden.

Die Auslandsdeutschen in England mussten mit so etwas rechnen, es war schließlich Krieg. Aber, so fragten sich die als »refugees from Nazi-oppression« anerkannten Juden und Politiker, Rechtsanwälte, Journalisten, Gewerkschafter, warum wir? Es waren Menschen ohne Schutz, die sich zwischen zwei kämpfenden Welten befanden und sich zu ihrer Verblüffung mit denen auf eine Stufe gestellt sahen, vor deren Vernichtungswillen sie geflohen waren.

Und sie mussten fürchten, von den Briten eventuell als Mitgift eines Separatfriedens zu dienen. Das war jedenfalls das fürchterliche Gerücht, das im Lager die Runde machte:

dass sich doch noch die Anhänger des Appeasements im Kabinett durchsetzten und bei einem Friedensschluss die Geflüchteten an die Deutschen überstellt würden. Das war zwar inzwischen unter Churchill undenkbar, aber das Gerücht und die Furcht blieben im Lager.

Seit Ende der 1990er Jahr ist das ausführliche Tagebuch, das Hans Gál vom ersten Tag seiner Internierung, dem 13. Mai 1940 bis zum 27. September desselben Jahres, dem Tag seiner Entlassung geführt hat. Übertragen von der Tochter Eva Fox-Gál auf 140 Schreibmaschinenseiten, geschrieben in einem sehr schönen Deutsch. Seit 2003 ist es beim Verlag Lang in Bern unter dem Titel »Musik hinter Stacheldraht« als Buch erhältlich.

In diesem Tagebuch wird die Zeit der Internierung als Qual beschrieben. Angst um die Familie, Ungewissheit über das Schicksal des älteren Sohnes, der auch, zunächst an einem unbekannten Ort, interniert war, und körperliche Leiden, bei Gál ein schlimmes Kopfekzem, machten den Aufenthalt auf der Ferieninsel Isle of Man zu allem anderen als einem Erholungsaufenthalt. Dieses Moment der Hilflosigkeit findet sich in allen Berichten der Exilierten. Verstärkt wurde es noch durch die überforderten Bewacher, deren Kommandeure aus der Reserve der Heimatfront stammten und vielleicht vor Jahrzehnten in den Kolonien gedient hatten.

Gál schreibt in seinem Tagebuch: »Wir wurden in eine Baracke mit langen Tischen und Bänken geführt … Ein vierschrötiger Captain hielt uns eine Begrüßungsansprache, worin er an unser Wohlverhalten appellierte. Wie schwer das sein muß, zu verstehen, was ein Refugee ist!! Er sieht nicht bösartig aus, aber sein Gesicht ist völlig ausdruckslos, mit Schweinsäuglein und aufgedunsenen blauen, auf viel Whiskey deutenden Backen.«

Jedenfalls hatten die Bewacher von dem historisch-biographischen Hintergrund ihrer Gefangenen so gut wie keine Ahnung, was immer wieder zu grotesken Situationen führte. So berichtete der Nobelpreis-Träger Max F. Perutz 1985 im »New Yorker« von einem Lagerkommandanten den Satz »I had no idea there were so many jews among the Nazis«.

Abgeschnitten von ihren Familien, voller Angst über das eigene Schicksal und das ständige Warten, ob man wieder entlassen würde, das Leben hinter dem Stacheldraht quälte die Menschen. Viele wurden per Schiff nach Australien oder nach Kanada gebracht. Als dann am 2. Juli die »Arandora Star«, eines der Transportschiffe, mit 478 Deutschen auf dem Weg nach Kanada von einem deutschen U-Boot versenkt wurde, war auch dieser »Ausweg« mit Furcht besetzt. Norbert Gstrein hat diese Katastrophe in seinem Roman »Die englischen Jahre« verarbeitet.

Und Gál schrieb in seinem Tagebuch, da er fürchtete sein Sohn Franz könnte auf dem Schiff gewesen sein: »Die Sorge um Franz hat wie eine Krankheit von mir Besitz ergriffen. Hänschen schreibt ganz ruhig und gleichmütig über ihn; sie scheint unbesorgt zu sein, obwohl der Junge nun seit fünf Wochen verschollen ist. Vielleicht weiß sie nichts von der ›Arandora-Star‹-Katastrophe? Das Schlimmste sind die Nächte. Ich kann nicht schlafen, und wenn ich dann einschlummere, träumt mir von Franz. Fast immer sehe ich ihn als kleinen Jungen, – es ist sonderbar, dass ich ihn, wie es scheint, viel tiefer als Kind in meiner Erinnerung trage wie als erwachsenen Menschen, der er längst ist. Ich wache dann mit jähem Herzklopfen auf und kann mich nicht besinnen, was mich eigentlich im Traum in Schrecken versetzt hat. Aber ich fürchte mich schon fast vor dem Einschlafen, weil diese Schreckempfindung so unerträglich ist«.

Angst, Furcht, Unsicherheit und das Leiden unter zum Teil schlimmen hygienischen Bedingungen, das war die eine Seite der Geschichte der internment camps. Wenn sich in Lebenserinnerungen trotzdem auch positive Töne finden, dann deshalb, weil es diesen Menschen gelang, geistig zu überleben und schließlich gestärkt aus dieser Episode ihres Lebens hervorzugehen – und die Zeit heilt eben viele Wunden.

III.

Schon in Huyton bei hatten sich Wissenschaftler, Künstler und Musiker zusammengefunden, um mit den geringen Mitteln, die sie besaßen, Vorträge zu organisieren, Musikstücke aufzuführen oder Theater zu spielen. Der aus Stuttgart geflohene jüdische Rechtsanwalt Fred Uhlmann berichtet in seiner Autobiographie »The Making of an Englishman« aus dieser Zeit: »Wohin man auch schaute, hörten kleine Gruppen von Männern verschiedenen Vorträgen zu. Heinz Beran sprach über englische Literatur. Unter einem Baum diskutierte ein Rabbi mit einem Jesuitenpater über Religion. Heinz Fraenkel, der ›Assiac‹ aus dem ›New Statesman‹, erklärte Schachpartien.« Und er fährt dann an dieser Stelle fort: »Das war nur der Anfang; unser späteres Lager auf der Isle of Man muss eine von Europas besten Universitäten gewesen sein.«

Allerdings hatte die Lageruniversität keine Bibliothek. Alles musste erklärt werden, nur eigene Ansätze waren gefragt. Jene ausufernde Gelehrsamkeit, die aus Quellen Dritter uns heutzutage so langweilt, war unmöglich. Norbert Elias war in der Lageruniversität eine zentrale Figur. Erst in Huyton, dann im Hauptlager Douglas auf der Isle of Man organisierte er mit einem kleinen Komitee Lehrveranstaltungen, unterrichtete Soziologie und Sozialpsychologie, alles immer auf Englisch, dies hatten die Bewacher so verlangt.

Vor zehn Jahren tauchten in England seine Aufzeichnungen aus dem Internierungslager auf. Siebzehn einfache Schreibhefte mit Vorlesungskonzepten, Teilnehmerlisten und einem Stundenplan, in dem die Fächer »Auto« und »Farbenfotografie« darauf hinwiesen, dass nicht nur – wie Eric Wolf berichtet – moderne Mathematik, dialektischer Materialismus, moderne englische Lyrik oder Hegelianische Philosophie vorgetragen wurden, sondern auch technische Themen. »Auto« unterrichteten die Ingenieure Fischer und Herz. Die Vorlesungskonzepte von Elias sind ein Beispiel dafür, dass die einzelnen Dozenten ihre ureigensten Ansätze vortrugen. Der Kurs »Soziologie I–III« zeigt bereits deutlich jenes Verständnis von Soziologie, das er 1970 in »Was ist Soziologie?« publizierte.

Die meisten Berichte über die Lageruniversität auf der Isle of Man sind von Wissenschaftlern geschrieben und berichten über Vorlesungen und Seminare. Aber auch die schönen Künste, Malerei und Musik, hatten ihren Platz im Lagerleben. Den englischen Bewachern war das nur recht, da die Internierten sich so selbst beschäftigten. Nach anfänglichem Zögern unterstützten sie die Aktivitäten auch, indem sie z. B. Instrumente und Noten herbeischafften. Und sie übergaben auch den größten Teil der Verwaltung und Organisation ihren Gefangenen. Am 15. Juli notiert Gál in seinem Tagebuch: »Unser Staatswesen hat sich ganz stattlich entwickelt. Es gibt eine Rechtsabteilung, einen Einquartierungschef, einen Kantinenmeister, ein Wohlfahrtsamt, einen Vertreter der ›Medical Hardships‹«.

Das Tagebuch von Hans Gál ist über den Charakter einer historischen Quelle hinaus vor allem eine hinreißende Liebeserklärung an die Musik und ihre Möglichkeiten, Hoffnungen der Menschen aufrecht zu erhalten, sie freizusetzen und zu beflügeln. Schon im Lager Huyton komponiert Gál seine »Huyton-Suite« für eine Flöte und zwei Violinen – die Besetzung entsprach den vorhandenen Instrumenten.

Er notiert sich: »In nüchternen Momenten bin ich mir klar darüber, daß ich verrückt bin. Da schreibe ich Musik, gänzlich überflüssige, lächerliche, phantastische Musik für eine Flöte und zwei Violinen, während die Welt sich anschickt, unterzugehen. ... Ich muß, wie schon oft in meinem Leben, an den ›Mann im Syrerland‹ denken, in der Rückertschen Parabel. Ich hänge über dem Abgrund und nasche Beerlein. Wie wunderbar es ist, daß es solche Beerlein gibt!«

Auf der Isle of Man entfaltete sich schnell ein vielfältiges Musikleben. In den boarding houses fanden sich einige verstimmte Klaviere. Am 21. Juni schon plant Gál ein Konzert mit einem »sympathischen jungen Baritonisten, mit einer noch etwas unfertigen Stimme, aber intelligent und musikalisch. Ich werde ihn einige Lieder von Schubert, Brahms, Schumann begleiten, die wir beide auswendig kennen, denn Noten gibt es keine.«

Aber das klassische Repertoire hat auch bald Konkurrenz

durch U-Musik. Gál schreibt am 27. Juni, man sieht seine hochgezogenen Augenbrauen und die gerunzelte Stirn fast bildlich vor sich: »Neuerdings ist sogar ein Konzert-Café eröffnet worden, betrieben vom Oberhaupt der Kapelle Wolf, die bestehend aus einem Geiger, einem Klavier und einer Ziehharmonika, die dort den ganzen Nachmittag Radau macht. Heurigensänger quetschen dort »Wien nur Du allein« und alle Kantoren des Lagers, es gibt deren ein halbes Dutzend, singen im Wetteifer den Prolog aus »Bajazzo« zu falscher Klavierbegleitung und mit mörderisch viel Stimmaufwand.«

Mit den Wochen kommen dann auch Instrumente ins Camp und Gál beginnt mit Kompositionen für eine Lagerrevue »What a life«, die der Filmproduzent Georg Höllering (u. a. für Bert Brecht bei Kuhle Wampe) im Palace Theater mit seinen 2 000 Plätzen in Douglas vorbereitet. Höllering »will eine Revue machen, ein richtiges Theaterstück. Mit Musik. Und natürlich mit meiner Musik! Heute in vierzehn Tagen muß die Aufführung sein, später ginge es nicht, weil die Italiener vom Nachbarcamp dann die Bühne für eine Aufführung brauchen werden, die sie vorbereiten. Ich habe gelacht. Hier im Spital soll ich Musik machen! Und Musik wozu? Wo ist das Buch? Buch gibt's noch keines. Das muss er erst schreiben. Aber der Titel ist schon fertig: ›What a life!‹. Es soll eine Art Photomontage unseres Lebens im Camp werden, eine Folge von kurzen, lebendigen, aus dem Alltag genommenen Szenen. Dazu zwei Conferenciers, einer deutscher, einer in englischer Sprache. Und alle Songs sollen gleichfalls zweisprachig, von zwei verschiedenen Sängern, vorgetragen werden. Hier sind zwei Song-Texte, gedichtet von Hutter, einem unserer Brettel-Leute, die soll ich mir

Programmzettel für die Revue »What a Life« am 2./3. September 1940 in Camp Douglas auf der Isle of Man.
Quelle: Deutsches Exilarchiv/Deutsche Nationalbibliothek

gleich ansehen. Die paar diskutablen Nummern des geplanten »Bunten Abends« werden eingebaut. Und einen großen Parademarsch braucht er, zu dem die gesamte Camp-Hierarchie, von Hildebrand abwärts, persönlich über die Bühne spazieren soll, mit Emblemen und großem Trara. Und er hat bereits Ideen zu einer ganzen Reihe von Szenen, der Stacheldraht kommt auf die Bühne, und die Möwen, und der Roll Call, und das Doppelbett in dem wir schlafen, und und und …«

IV.

Die ersten Vorstellungen am 2./3. September sind ein großer Erfolg und Gál erweitert die Revue und schreibt ein paar neue Stücke. Kurz vor der zweiten Vorstellung notiert Gál am 15. September, dass Höllering an einer anderen Szene arbeitet, die ein größeres Stück Musik erfordert. »Prof. Elias, der Soziologe, der, wie sich nun herausstellt, auch eine literarische Seite hat, kam mit einer sehr eigentümlichen, ausgesprochen interessanten Dichtung, halb in Prosa, halb in Versen, die mit Musik und mit einer Art lebender Bilder illustriert vorgetragen werden soll, ›Die Ballade vom armen Jakob‹.«

Die Ballade ist die Geschichte des ewigen Juden von heute. Er gerät immer wieder zwischen die Kämpfe der Mächtigen und Starken, die sich schließlich auf seine Kosten einigen. Es ist ein Stück für Sprecher, Chor und Klavier. Der Refrain des Chores am Ende jeder Episode berichtet »Und dann schlugen alle im Verein auf den armen Jakob ein.« Und am Ende heißt es dann: »Und wenn sie ihn nicht totgeschlagen, wandert er noch immer ohne Geld ein Stück weiter um die weite Welt.«

Gál war zuerst etwas skeptisch. Er notiert sich: »Ich habe mich mit Händen und Füßen gegen die Zumutung eines Melodrams gesträubt, weil ich diese Gattung an sich hasse. Aber ich war halb gewonnen, als ich die ersten Seiten der Geschichte las, und ich glaube, die Form gefunden zu haben, bei der ich alles vermeide, was mir beim Melodram unerträglich ist. Die Musik wird überall dort eintreten, wo die Prosa in Verse übergeht, und wird dann periodisch wiederkehrende Episoden mit ebenso wiederkehrenden, plastisch formal ganz geschlossenen Intermezzi begleiten.«

In wenigen Tagen schreibt Gál, durch sein Kopf-Ekzem fast blind, die Musik für den »Armen Jakob«, immer in Sorge um die rechtzeitige Vollendung, denn: »Prof. Elias hat uns lange damit aufgehalten, dass keine endgültige Reinschrift von ihm zu bekommen war.« An dieser Stelle dürfte über die Gesichter aller Verleger von Elias ein verständnisvolles Lächeln huschen.

Am 26. September ist es so weit. Zwar soll Gál an diesem Tag entlassen werden, der Tag auf den er so gehofft hatte, aber er will seine Revue nicht im Stich lassen und so fragt er den camp commander um Erlaubnis, einen Tag länger zu bleiben. Der findet das »very sportive«, genehmigt es und Gál verlässt erst am folgenden Tag das Internierungslager.

V.

Am 27. September, schon auf der Überfahrt von der Isle of Man nach Liverpool, blickt Gál auf den vergangenen Abend zurück, der das »ganze Abenteuer so schön und herzerfreuend abgeschlossen hat.« Er erwähnt »Momente tiefer, origineller Wirkung, die ja auch diesmal unsere Hauptarbeit in Anspruch genommen hatten.« Zum »Armen Jakob« bemerkt er, der sei szenisch unfertig gewesen und darum noch mehr auf innere Wirkung angewiesen; »aber die war stärker als vermutet, und der Schluss ausgesprochen ergreifend.«

Auch Elias wurde bald entlassen. Textautor und Komponist der »Ballade vom Armen Jakob« sind sich, soweit ich weiß, nie wieder begegnet.

Hans Gál blieb in Edinburgh und bekam dort bereits 1945 eine feste Lehrstelle an der Universität. Er wurde ein anerkannter Musikwissenschaftler und Sachbuchautor, und hinterließ, als er hochgeehrt und vielfach ausgezeichnet 1987 starb, ein umfangreiches Werk.

Norbert Elias stand noch ein Jahr nach seiner Entlassung aus dem Lager unter Schock. In einem Brief an einen Freund, den Psychoanalytiker Foulkes im September 1941 schreibt er (in Übersetzung): »Wenn ich mich zur Arbeit setze, stelle ich immer wieder fest, dass mein Gedächtnis zerstört ist, ich mich nicht konzentrieren kann, und ich jedes Mal einen enormen Widerstand überwinden muss, bevor ich wenigstens einen Brief schreiben kann.« Er litt noch viele Jahre lang unter schweren Arbeitsstörungen, begann erst Anfang der 50er Jahre wieder zaghaft zu publizieren, und bekam schließlich 1954 eine kleine Stelle an der

Universität Leicester. 1977, da war er schon 80 Jahre alt, erhielt er den ersten Adorno-Preis der Stadt Frankfurt, und danach schrieb er zuerst in Bielefeld, später in Amsterdam bis zu seinem Tode 1990 gut die Hälfte seiner Publikationsliste. Da schien das Internierungslager dann schon hinter einem Schleier der Vergangenheit verschwunden zu sein. Es wird von ihm in dem autobiographisch geführten Interview »Norbert Elias über sich selbst« etwas sehr lakonisch nur mit einem Satz erwähnt: »Meine Internierungszeit, die acht Monate dauerte, war in gewisser Weise sehr fruchtbar für mich, weil ich mich damals in englischen Vorlesungen üben konnte.«

The manufacturer's authorised representative in the EU is Springer Nature Customer Service Centre GmbH, Europaplatz 3, 69115 Heidelberg, Germany. If you have any concerns regarding our products, please contact ProductSafety@springernature.com

Printed and bound by CPI Group (UK) Ltd, Croydon, CR0 4YY

25/03/2026

02078230-0001